KDJ

指标交易实战

中短线交易稳健获利

桂　阳◎著

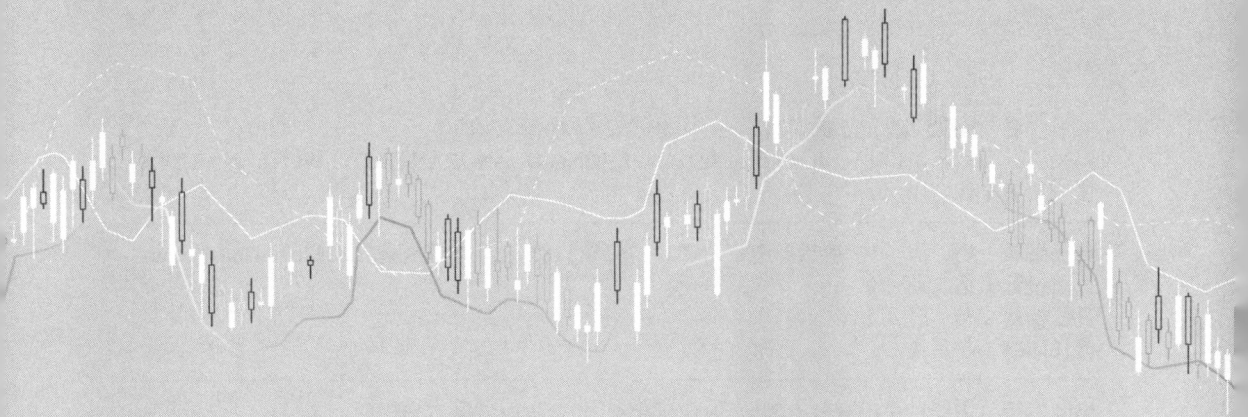

中国铁道出版社有限公司
CHINA RAILWAY PUBLISHING HOUSE CO., LTD.

图书在版编目（CIP）数据

KDJ指标交易实战：中短线交易稳健获利/桂阳著. —北京：
中国铁道出版社有限公司，2023.7
ISBN 978-7-113-30089-0

I.①K… II.①桂… III.①股票交易-基本知识 IV.①F830.91

中国国家版本馆CIP数据核字（2023）第053147号

书　　名：KDJ 指标交易实战——中短线交易稳健获利
　　　　　KDJ ZHIBIAO JIAOYI SHIZHAN: ZHONG-DUAN XIAN JIAOYI WENJIAN HUOLI
作　　者：桂　阳

责任编辑：杨　旭　　　编辑部电话：（010）63583183　　　电子邮箱：823401342@qq.com
封面设计：宿　萌
责任校对：苗　丹
责任印制：赵星辰

出版发行：中国铁道出版社有限公司（100054，北京市西城区右安门西街 8 号）
印　　刷：北京联兴盛业印刷股份有限公司
版　　次：2023 年 7 月第 1 版　2023 年 7 月第 1 次印刷
开　　本：710 mm×1 000 mm 1/16　印张：13　字数：180 千
书　　号：ISBN 978-7-113-30089-0
定　　价：69.00 元

在股票市场中，为了更好地应对价格的波动和预判未来的走向，出现了很多技术分析方法，其中，对于技术指标的研究是极为关键的一环。KDJ 指标作为常用技术指标之一，以其灵敏的反应和多种特性，占据技术指标中的重要位置，广受投资者欢迎，尤其受到中短线投资者青睐。

KDJ 指标的用法非常多，它既能从自身的角度出发，单独分析每一条指标线的形态和变动情况，也能从整体来观察，研究整个指标与股价之间的配合与背离关系。

由于 KDJ 指标灵敏度较高，其在单独使用时有时会产生误导信号。此时，投资者可以将 KDJ 指标与其他指标结合使用。

尽管 KDJ 指标如此实用，许多刚入市的投资者还是对其运行原理和分析方法比较陌生。因此，为了帮助投资者更好、更有效地学习 KDJ 指标的用法，我特意编写了此书。

全书共六章，可分为三部分：

◆ 第一部分为第 1~2 章，主要针对 KDJ 指标的计算原理、运行区域各种特性与功能及参数设置进行详细介绍，另外还对 KDJ 指标三条指标线的用法与整体指标的钝化应用做了进一步解析，帮助投资者了解其原理和基本用法。

◆ 第二部分为第 3 章，主要介绍 KDJ 指标自身存在的特殊形态应用，让投资者能更深入地熟悉其应用。

◆ 第三部分为第 4 ~ 6 章，主要介绍了 KDJ 指标与其他技术结合产生的效果，包括与 K 线成交量、移动平均线、MACD 指标、布林指标及 RSI 指标等的结合，提高操作成功率。

全书围绕 KDJ 指标，从初阶的原理介绍到进阶的技术应用，内容安排由浅入深，更便于学习和掌握。在解析指标应用方式的同时，还配备了大量的真实案例，用历史事实做依据，与理论互相印证，有助于投资者在实战中更好地理解与应用。

最后，希望所有读者通过对书中知识的学习，提升自己的炒股技能，收获更多的投资收益。但任何投资都有风险，也希望广大投资者在入市和投资过程中谨慎操作，从而降低风险。

编　者

2023 年 4 月

目录

第 1 章　KDJ 指标基础知识精讲

第 2 章　KDJ 指标线与钝化的应用

第 4 章　KDJ 指标与 K 线形态的结合

第 5 章　KDJ 指标与成交量异动的分析

[KDJ指标基础知识精讲]

作为技术指标中的重要一员，KDJ指标已经成为在广大投资者中流传甚广、使用频率极高的技术指标之一，其在中短线操盘中存在的优越性能和灵敏的反应，为投资者提供了极为有效的操作参考。不过，在了解KDJ指标的实战用法之前，投资者需要先学习KDJ指标的一些基础知识。

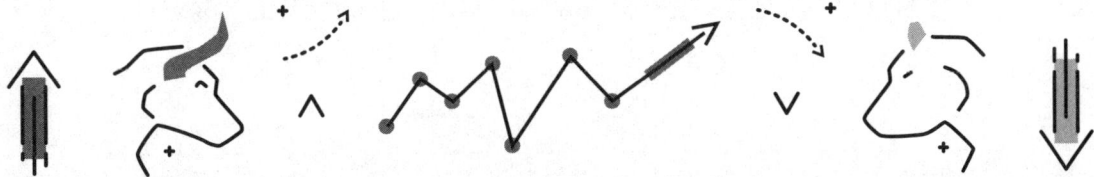

1.1 KDJ 指标的基础解析

KDJ 指标中文名称为随机指标，起初用于分析期货市场的价格走势，但随着指标的演变与广泛使用，最终应用到了股票领域。

该指标主要由 K 线、D 线和 J 线三条指标线构成，融合了动量观念、强弱指标和移动平均线的一些优点和特性，以"平衡位置"为理论核心，通过观察价格在短期内脱离"平衡位置"的程度，考察当前价格脱离正常价格波动范围的程度，以此作为研判价格波动的依据。

图 1-1 为 K 线图下方的 KDJ 指标。

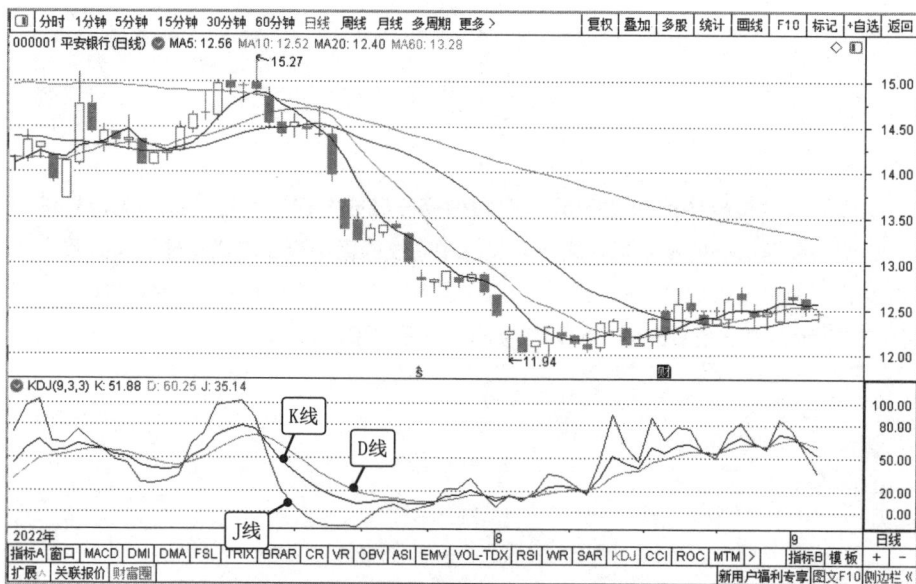

图 1-1 K 线图下方的 KDJ 指标

KDJ 指标通俗来讲，就是在向上或向下脱离正常运行范围后，将会发出一系列的买卖信号或后市变动的预警，结合这些信号和预警，投资者就能对中短期的股票走势有一个大致的判断。

在了解这些用法之前，投资者要从基础开始，先熟悉指标的计算方式、运行原理、运行的范围及钝化的特性。

1.1.1　KDJ 指标的计算方式

KDJ 指标是根据统计学原理，通过一个特定的周期（通常为 9 日、9 周等）内出现过的最高价、最低价及最后一个计算周期的收盘价及这三者之间的比例关系，计算最后一个计算周期的未成熟随机值（RSV 值），然后根据平滑移动平均线的方法来计算 K 值、D 值与 J 值，最后绘成曲线图来研判股票走势。

主要有三个步骤：

①选择周期（N 日、N 周等）。

②计算当天的未成熟随机值（RSV 值）。

③计算 K 值、D 值和 J 值。

除了选择周期比较简单之外，RSV 值和 K 值、D 值、J 值的计算公式都稍显复杂，下面就来逐一列示。

◆　计算当天的未成熟随机值（即 RSV 值）

从数学模型的角度来列示，RSV 值的计算公式为：

$$RSV = (C - Ln) \div (Hn - Ln) \times 100$$

公式中，C 为当日的收盘价；Ln 为之前 N 日内的最低价；Hn 为之前 N 日内的最高价。

那么，RSV 值的计算公式也可以写作以下形式：

RSV =（当日收盘价 − 最近 N 日内的最低价）÷（最近 N 日内的最高价 − 最近 N 日内的最低价）×100

◆　计算 K 值

K 值的计算方式要简单一些，公式为：

当日 K 值 =（2/3×前一日 K 值）+（1/3×当日 RSV 值）

若无前 1 日 K 值，则可用 50 来代替。

拓展知识 **公式中的平滑因子最好不要改变**

K 值的计算公式中存在 1/3 和 2/3 这两个数据，这两个数据代表的是什么呢？

其实，它属于公式中的平滑因子，也可简单理解为权重分布。不过，平滑因子 1/3 和 2/3 是可以人为选定的，但是目前已经默认约定为 1/3 和 2/3，因此，投资者还是不要轻易改动，以免计算出不符合期望的数据。

◆ 计算 D 值

D 值的计算方式与 K 值比较类似，公式为：

当日 D 值 =（2/3×前一日 D 值）+（1/3×当日 K 值）

若无前 1 日 K 值或 D 值，分别可用 50 来代替。

◆ 计算 J 值

J 值的计算方式稍显不同，公式为：

当日 J 值 =（3×当日 K 值）-（2×当日 D 值）

此处的数据 3 和 2 也不要轻易改变。

当以上四个关键数据被计算出来后，K 值、D 值和 J 值就会以直观的曲线形式出现在 KDJ 指标窗口中。将其与波动的价格走势配合分析，就能获得具有一定参考价值的买卖信号。

1.1.2 指标线的三大摆动区域

KDJ 指标中的指标线存在特定的摆动区域，简单来说就是指标线的运行区域。KDJ 指标的摆动区域可分为三大块，分别是正常波动区域、超买区域和超卖区域，如图 1-2 所示。

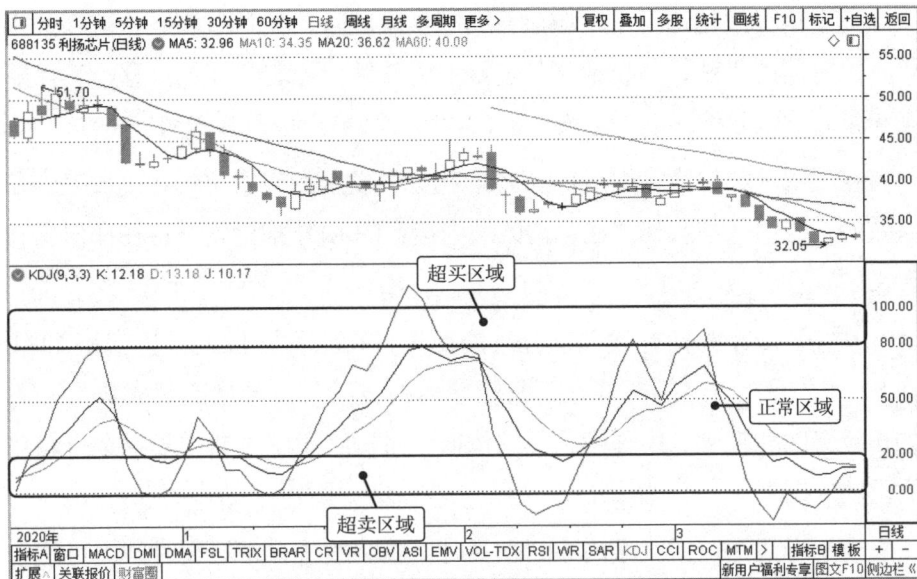

图 1-2　KDJ 指标中的三大摆动区域

以 20 线为界，20 线以下的摆动区域为超卖区域；以 80 线为界，80 线以上的摆动区域为超买区域；而 20 线到 80 线之间的摆动区域，则为正常波动区域，其中 50 线为中间值。

拓展知识　*K 值和 D 值的取值范围与 J 值不同*

　　KDJ 指标的三条指标线在运行时，其取值范围有所不同。其中，K 值和 D 值的取值范围是 0 ~ 100，也就是说，K 线和 D 线这两条曲线的波动不能超过 0 ~ 100 的界限。

　　但 J 值不同，J 值的取值范围可以越过 0 线和 100 线，主要是因为 J 在设置时，灵敏度要高于 K 值和 D 值，因此其波动范围也会相应大一些。

依照 KDJ 指标的运行原理，当指标线越过了正常区域，运行到超买区域时，就意味着股价在经过长时间或大幅度的上涨后，市场追涨情绪过于热烈，买盘大大增加，导致股价可能形成超涨现象，很有可能在短时间内面临下跌。

而当指标线越过正常区域运行到超卖区域时，就意味着股价前期经历了一段时间的下跌，市场情绪从追涨变为杀跌。随着时间的推移，卖盘逐渐积累，导致股价形成了超跌现象，后市有机会形成反弹走势。

在超买区和超卖区内运行的 KDJ 指标，发出的买卖信号是比较强烈和有效的，但这并不意味着在正常区域内运行的 KDJ 指标就不存在任何指导意义。

其实，KDJ 的指标线大部分时间都运行在正常区域内，也就是 20 线到 80 线之间。虽然指标线在正常区域内的波动，所产生的买卖信号并不如在超买区和超卖区内强烈，但这依旧是投资者用于判断中短期运行趋势的重要依据之一。

当指标线在正常区域内不断上扬时，表明股价在中短期时间内可能会出现稳定的上涨走势；当指标线在正常区域内出现下跌时，那么股价也有可能产生震荡下滑。

下面就通过一个案例，了解 KDJ 指标运行在不同摆动区域时，对股价运行趋势产生的预示意义。

实例分析

中国宝安（000009）中 KDJ 指标在不同区域中的表现

图 1-3 为中国宝安 2022 年 3 月到 5 月的 K 线图。

从图 1-3 中可以看到，中国宝安正处于下跌走势向上转向的过程中。在 4 月初时，股价处于连续收阴的下跌状态。

KDJ 指标的三条线最初还在正常区域内不断往下运行，但伴随着股价的不断下跌，三条指标线最终还是来到了超卖区。

不过，在进入超卖区后，指标线的下降速度明显变缓，这意味着股价跌势暂缓。同一时间，股价也在 10.00 元价位线附近受到支撑，出现了横向盘整。

　　不久之后，在 4 月中下旬，股价再次连续收阴下跌。此次下跌的速度明显加快，原本跟随股价有所上扬的 KDJ 指标也再次下行，K 值和 D 值更深地进入了超卖区。

　　与此同时，指标线中的 J 值并没有跌破前期低点。这说明股价虽然下跌速度变快，但多方的力量相较于前期有所加强，股价可能在受到支撑后就向上运行。

　　果不其然，4 月底，股价在 8.00 元价位线附近得到支撑，在创出 7.92 元的最低价后突然大幅收阳上涨。KDJ 指标迅速跟随其上扬，很快回到了正常运行范围内。在正常区域内运行的过程中，三条指标线并未产生任何交叉，只是随着股价的震荡而有所波动，这意味着股价后续的涨势非常迅猛并且稳定。

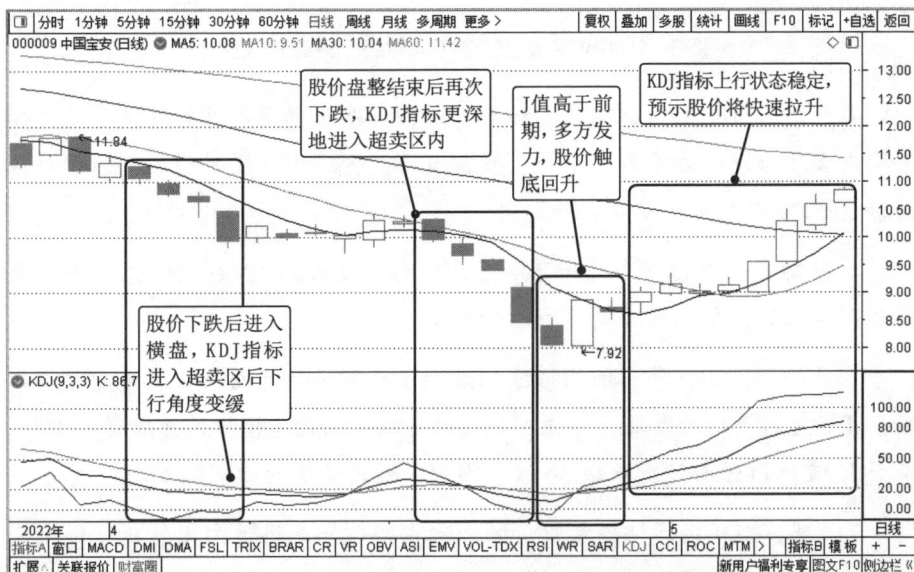

图 1-3　中国宝安 2022 年 3 月到 5 月的 K 线图

　　继续来看后面的走势。

　　图 1-4 为中国宝安 2022 年 4 月到 6 月的 K 线图。

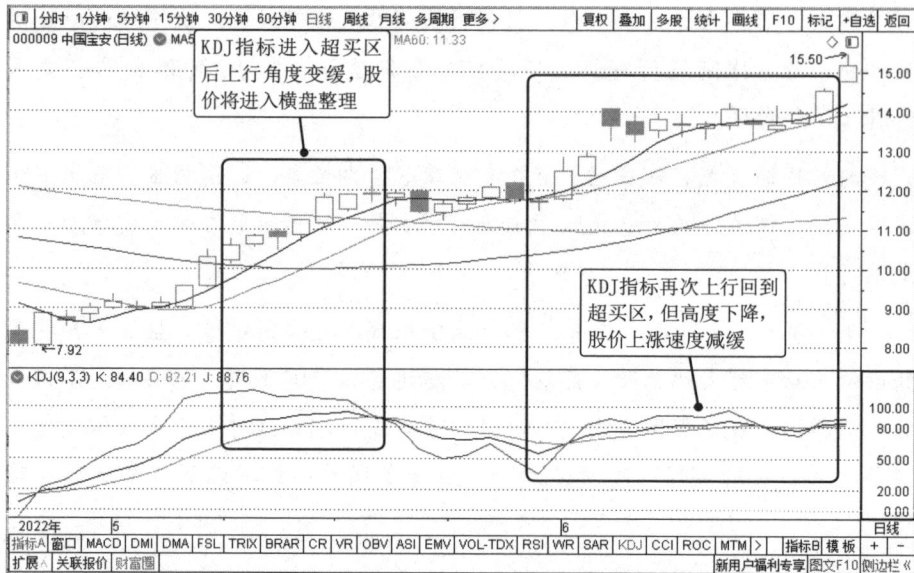

图 1-4　中国宝安 2022 年 4 月到 6 月的 K 线图

　　在接近 5 月中旬时，KDJ 指标的三条指标线上扬角度开始变缓，这意味着场内多方推动的力度有所下降，股价有可能会进入一段时间的回调下跌或是横盘整理之中。

　　后续的走势也证实了这一点，5 月中旬，股价在 12.00 元价位线附近受到压制后止涨，在其附近进行了横向盘整。

　　在此期间，KDJ 的三条指标线回落到了正常运行范围内，这是卖盘在抛盘，开始兑利离场的表现。不过在后续的一段时间内，指标线并未再次下行，甚至 K 值和 D 值都没有跌破 50 线，因此，股价此次的回调幅度不会太大。

　　5 月底，KDJ 指标伴随着股价的一次大幅收阳而迅速向上转折，逐渐向上攀升，来到了超买区以内。但指标线此次在超买区内的高度明显不如前期，说明此次股价上涨的高度可能并不会太高，也不会出现 5 月中上旬那样的快速拉升。

　　股价的走势也确实如此，在股价连续收阳上穿 12.00 元价位线后，很快便在 14.00 元价位线附近受到压制，形成小幅回落后进入了横盘整理。虽然价格在后续有继续的上涨，但上涨速度明显减缓，与 KDJ 指标预示的信息几乎一致。

1.1.3　KDJ 指标的钝化特性

KDJ 指标的钝化指的是股价在运行过程中，三条指标线几乎黏合在一起，期间不断震荡，并且频繁地发出买入或卖出信号。由于这些信号形成得过于密集，对于投资者来说基本没有参考价值，这就是指标的钝化，如图 1-5 所示。

图 1-5　KDJ 指标在下跌行情中的钝化

指标产生钝化的根本原因在于 RSV 值的计算，现在来回顾一下 RSV 值的计算公式：

RSV=（当日收盘价－最近 N 日内的最低价）÷（最近 N 日内的最高价－最近 N 日内的最低价）×100

从计算公式中可以看到，公式的分子是（当日收盘价－最近 N 日内的最低价），分母是（最近 N 日内的最高价 - 最近 N 日内的最低价）。

当行情的走势总是保持某一固定的趋势，比如图 1-5 所示的下降趋势时，其每日的收盘价下降的速度趋于稳定，与最近 N 日内的最低价之间的差值变化幅度不大。

再来看公式的分母，分母是"最近 N 日内的最高价"与"最近 N 日内的最低价"的差值，在行情保持稳定的下降速度时，这两项数据的差值也不会有太大改变。

当计算公式中的分子与分母都无法产生大幅度变化时，RSV 值自然也无法产生更大的波动，进而形成走平的趋势。再加上 KDJ 指标中的 K 值是 RSV 值的加权平均线，D 值是 K 线的加权平均线，J 值又是 3 倍 K 值减 2 倍 D 值的差数（差离值）。

在所有指标线都基于 RSV 值进行计算的情况下，它们就会出现类似的反应，保持在某一位置进行窄幅波动，导致指标线相互缠绕，最终使得指标无法即时反映当下的行情波动，产生钝化现象。

KDJ 指标的钝化，一般是指标线在跟随股价运行到高位或低位时才会产生的，比如图 1-5 中展示的就是 KDJ 指标在运行到 20 线附近时，形成的低位钝化。

在指标钝化时，股价的表现往往会弱于前期的走势，并沿着偏弱的趋势持续不断的小幅运行或波动，且没有出现明显的方向性变化。

比如在上涨行情中，股价在原本快速上涨的基础上减缓上涨速度，开始稳定向上攀升。或是在下跌行情中，股价在原本快速下跌的基础上减缓下跌速度，开始稳定向下滑落，如图 1-5 中的股价表现。在这样的情况下，KDJ 指标就可能会出现钝化。

下面展示的就是 KDJ 指标在上涨行情中的钝化，如图 1-6 所示。

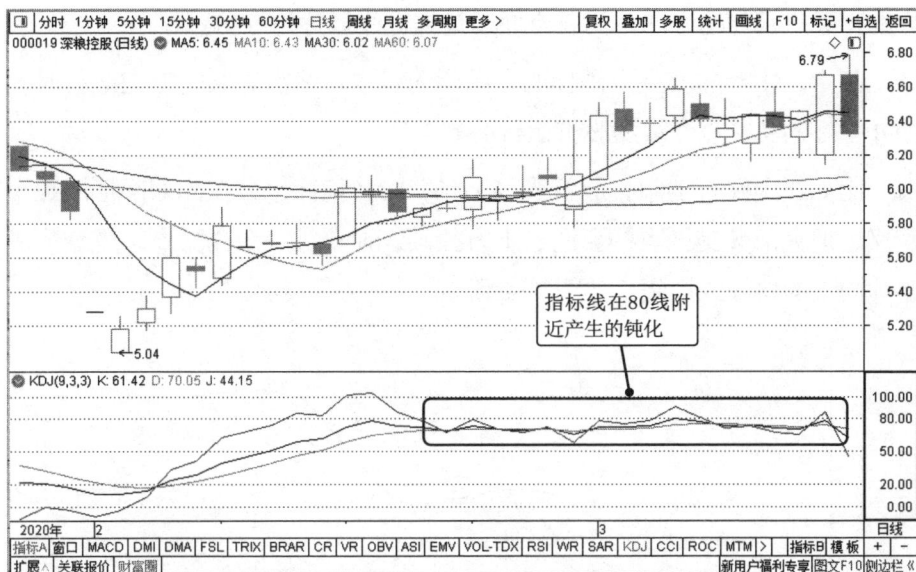

图 1-6 KDJ 指标在上涨行情中的钝化

KDJ 指标的钝化往往无法为投资者提供足够的买卖参考。那么投资者就要另寻他法来判断股价的走势。这一部分的知识将在第 2 章进行详细介绍，此处不再赘述。

1.2 KDJ 指标的特性与功能

作为应用广泛的重要技术指标之一，KDJ 指标具有非常强大的功能。尤其是在中短线行情中，其展现出的优势十分明显，主要包括反映股价的中短期趋势、把握行情转折点及判断买卖点的位置三大方面，中短线投资者有必要对这些知识进行熟悉和掌握。

1.2.1 反映股价的中短期趋势

KDJ 指标对于中短期行情趋势的反映主要体现在两方面，一方面是指标的交叉点延伸的方向，另一方面则是指标线运行的方向。

其中，指标的交叉点延伸的方向指的是当行情沿着某一方向运行时，KDJ 指标的交叉点会跟随股价运行的方向延伸。

比如在上涨行情中，股价震荡上扬，KDJ 指标也会在此期间形成数个交叉，但大部分交叉点都会向着上方抬高，连接每一个交叉点，就会形成整体向上的斜线或折线，如图 1-7 所示。

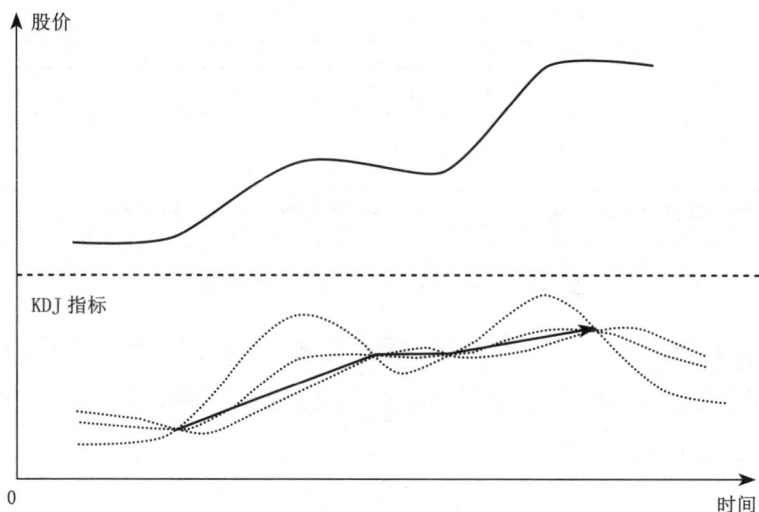

图 1-7　KDJ 指标交叉点跟随股价抬高

指标线运行的方向对股价中短期运行趋势的反映也很好理解。

在某一段时间内，当 KDJ 指标形成明显的向上或向下的运行状态时，股价也很有可能沿着指标线运行的方向延伸。比如当 KDJ 指标在某段时间内不断下行时，股价大概率也正处于下跌状态。

基于这一功能，投资者就能初步判断中短期内股价运行的方向，以及未来股价可能会产生的变化。

下面来看一个具体的案例。

实例分析

利扬芯片（688135）通过 KDJ 指标运行方向判断股价运行趋势

图 1-8 为利扬芯片 2020 年 11 月到 2021 年 2 月的 K 线图。

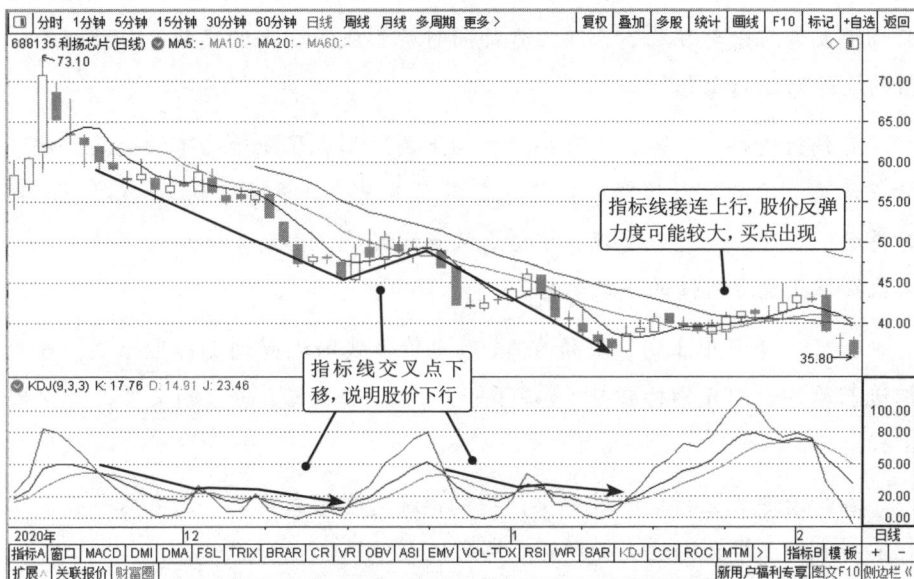

图 1-8　利扬芯片 2020 年 11 月到 2021 年 2 月的 K 线图

从 K 线图中可以看到，利扬芯片正处于下跌的过程中。在 2020 年 11 月中旬，股价还在连续收阳上涨，KDJ 指标的指标线也呈现出上扬的状态。

直到股价越过 70.00 元价位线，并创出 73.10 元的新高后，便迅速拐头进入了下跌之中。与此同时，KDJ 指标线也出现了明显的转向，并在数日后就形成了向下的交叉。

在后续的走势中，股价在不断震荡中向下跌落。KDJ 指标在跟随运行到超卖区以内后，就出现了一定程度的钝化，指标频繁出现震荡和交叉，买卖信号混乱。

但仔细观察每一个交叉点会发现，从股价形成第一个交叉点以来，几乎每一个交叉点都在向着下方移动，连接这些交叉点会形成一个整体向下的折线。这意味着整个市场的走势在向着下方运行，而股价的状态也证实了这一点，直到 12 月中旬股价都还在下跌。

到了 12 月中旬之后，股价突然开始震荡反弹。虽然股价此次反弹的幅度非常小，并且在 20 日均线附近就受到了压制再次下跌，但 KDJ 指标的反应却很大，几乎是在股价止跌上升的同时就形成了向上的交叉，并伴随着股价的反弹而不断上扬。

直到行情再次下跌，KDJ 指标才向下再次形成了一个向下的交叉。伴随着股价又一次的震荡下跌，指标也在不断下滑，直至运行到 20 线以下。此时再观察其交叉点可以发现，这些交叉点的连线又形成了一个向下的折线，再次提醒投资者行情的下跌趋势。

2021 年 1 月中上旬，股价在 36.00 元价位线附近得到支撑后止跌，并收阳进入反弹。KDJ 指标在 20 线以下回升，很快形成了向上的交叉，并走出上扬走势。

在向着超买区行进的过程中，指标都没有再形成交叉，这意味着股价正在不断地向上攀升，此次反弹可能幅度较大。

那么在股价上行的过程中，短线投资者就可以试探性地买进，但一定要随时注意 KDJ 指标线的变化，当其转向下方时，就要迅速卖出，保住收益。如股价在 1 月底时向下转向的位置，就是一个明确的卖点。

1.2.2　把握行情的转折点

KDJ 指标是一个灵敏度非常高的指标，也就是说，当指标未出现钝化现象时，它能够及时迅速地反映当前行情的变动状况。尽管在有些时候，指标会由于过于灵敏而导致信号失真，但从中短线投资的角度来看，KDJ 指标对于中短期趋势转折点的判断还是非常准确的。

图 1-9 为 KDJ 指标不同方向的转折。

图 1-9　KDJ 指标不同方向的转折

从图 1-9 中可以看到，在股价运行的过程中，每当有明显的上涨或下跌时，KDJ 指标都会产生快速的反应。尤其是 J 线，灵敏度非常高，几乎在股价产生转折的同时，J 线就会跟随转向。

不过这样的快速反应也存在着些许缺点，比如图 1-9 中 2021 年 2 月及 3 月中旬到 4 月的这两段时间内，股价基本是在横向盘整，期间只是出现了几次小幅的震荡。但 KDJ 指标，尤其是 J 线的反应非常激烈，这有可能会向投资者传递出失真的信号。

这其实是高灵敏度指标所不可避免的缺陷，但好在 KDJ 指标中有三条指标线，投资者可以更多地关注 K 线和 D 线两条指标线，这样能够避免被一部分失真信号误导。

除了 KDJ 指标线方向的转变以外，指标线的交叉形态也能够快速抓住中短期趋势的转折点，这就涉及了指标的黄金交叉和死亡交叉，具体如图 1-10 所示。

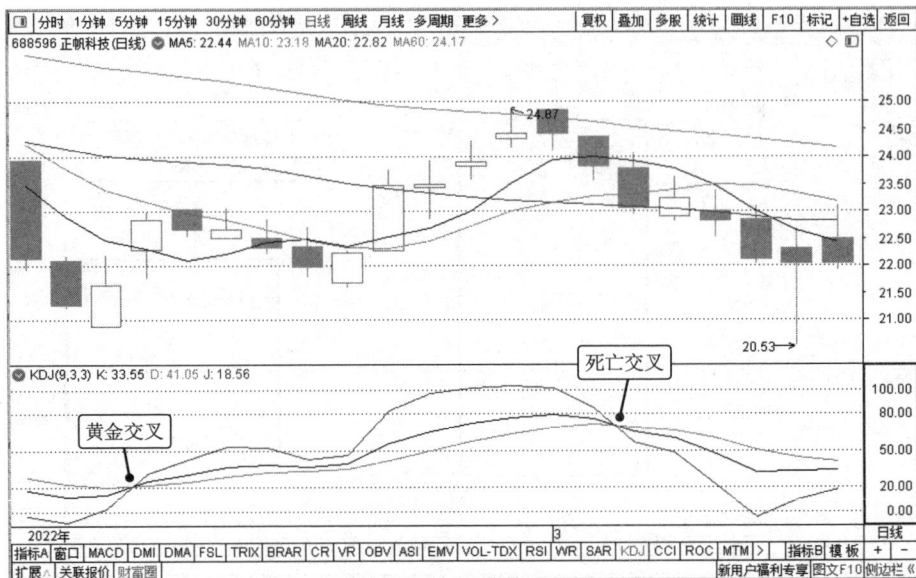

图 1-10　KDJ 指标的黄金交叉和死亡交叉

　　这两种形态简单来说就是 KDJ 指标在自下而上或自上而下转折的过程中，三条指标线互相穿插形成的向上和向下的两种交叉形态。

　　由于 KDJ 指标向上的交叉预示着股价即将转向上涨，这样的交叉就被称为黄金交叉；而 KDJ 指标向下的交叉预示着股价将出现下跌，这样的交叉就被称为死亡交叉。

　　一般来说，KDJ 指标的黄金交叉与死亡交叉对股价转折的把握准确度要高一些。有些时候，指标线下降或上升即将形成交叉时，会因为股价的反方向变动而放弃交叉，就不会形成更多的错误导向性信号。

　　虽然比起指标线的转折来讲，指标线产生的交叉可能会滞后一些，也就是在股价已经产生某种方向的变化后，KDJ 指标才形成交叉，但产生的信号稳定性要更高。

　　对于中短线投资者来说，这两种方式对市场趋势转折点的行情把握各有优劣，投资者可根据自身的策略进行适当选择和调整。

1.2.3　判断买卖点的位置

在了解了 KDJ 指标具有反映中短期股价趋势的走向，以及把握走势转折点的功能之后，投资者就能够很好地借助该指标判断买卖点的位置，从而找到比较可靠的买卖点。

比如，投资者首先通过 KDJ 指标的运行方向判断出了股价正处于上涨过程中，但在某一时刻，KDJ 指标对股价的转折形成了指示信号，预示股价即将转向下跌，那么其转折的位置就是一个卖点。

同样的，当投资者通过 KDJ 指标的运行方向判断出股价正在下跌，某一时刻指标形成拐头向上的信号时，就意味着股价可能即将上涨，那么自下而上转折的位置就是一个买点。

下面来看一个具体的案例。

实例分析

奥克股份（300082）通过 KDJ 指标判断买卖点

图 1-11 为奥克股份 2021 年 7 月到 9 月的 K 线图。

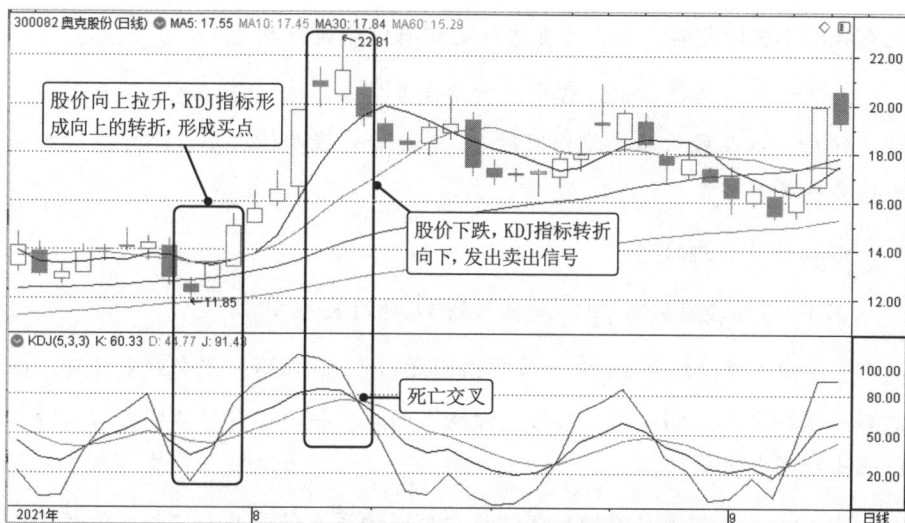

图 1-11　奥克股份 2021 年 7 月到 9 月的 K 线图

从图 1-11 中可以看到，奥克股份正处于上涨过程中。在 7 月，股价还在震荡中缓慢上涨，但 14.00 元价位线对其形成了压制，导致股价在该价位线下方不断波动。在此期间，KDJ 指标在正常运行范围内产生了频繁的震荡，买卖信号有些许失真。

但在 7 月底时，股价的一次收阴下跌接触到了 60 日均线，并在创出 11.85 元的阶段新低后，便开始了连续的收阳上涨，KDJ 指标的 3 条线都在股价上扬的带动下迅速拐头向上。此次指标线上扬的角度更大，持续时间也更长，其中 J 线和 K 线都在 8 月初运行到了超买区范围内，这证明股价正在进行一次快速的拉升。

事实也确实如此，8 月初，股价在经历了一波连续上涨拉升后，很快来到了 22.00 元价位线附近，并再次受到了压制，拐头进入回调之中。

不过在股价拐头下跌之前，KDJ 指标的指标线就已经出现了转向，提前于股价见顶。为防止失真信号的出现，投资者还是可以继续等待，等到 KDJ 指标拐头向下形成死亡交叉后，再卖出也不迟。

数日后，KDJ 指标拐头向下形成了一个死亡交叉。此时，股价已经跌到了接近 18.00 元的位置，并且从三条指标线持续下行的走势来看，股价后续还有继续下跌的趋势，那么投资者此时就可以迅速抛盘了。

在一个月左右的回调过程中，股价反复震荡。KDJ 指标也跟随其形成了数次转折，但在股价始终难以突破 20.00 元价位线的情况下，KDJ 指标的买卖信号也并不可靠。

继续来看后面的走势。

图 1-12 为奥克股份 2021 年 8 月到 11 月的 K 线图。

9 月初，股价跌至 16.00 元价位线附近，在 60 日均线上受到支撑后，很快再次收阳上涨。KDJ 指标也再次形成了向上的转折，并伴随股价的大幅收阳而出现了黄金交叉。

乍一看，这似乎与前期震荡过程中形成的买入信号并无不同，但随着股价的不断上扬，KDJ 指标线的位置也越来越高。同时，股价也形成了大幅的收阳上涨，这意味着行情开始拉升，一个可靠的买点出现了。

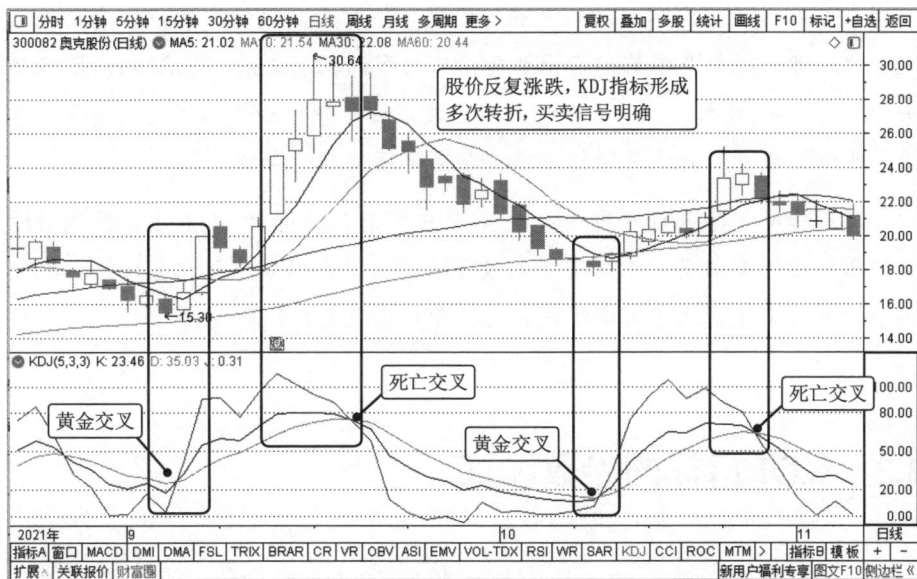

图 1-12　奥克股份 2021 年 8 月到 11 月的 K 线图

从后续的走势可以看到，股价在上涨数日后，KDJ 指标的中的 J 线拐头向下，K 线和 D 线上扬角度变缓。这说明股价可能上涨乏力，这一波拉升持续不了太长时间，此时投资者就要保持警惕了。

果然，在 9 月中旬，股价连续上涨突破了 30.00 元价位线后创出了 30.64 元的新高，随后便拐头出现了快速的下跌。在下跌过程中，KDJ 指标迅速形成了死亡交叉，进一步明确了转折点的到来，卖出信号非常强烈。

在后续的走势中，股价还在接连下跌，KDJ 指标的指标线也表现出持续的下行，这说明股价在短时间内的跌势难以遏制。

但在 9 月底，指标中的 J 线下跌角度变缓，并逐渐开始向上转折，K 线和 D 线也紧随其后逐渐走平。尽管此时股价跌势还未完全结束，但其下跌速度已经有所减缓。

最终，在 10 月初，股价在 18.00 元价位线附近受到支撑，随后便开始了反弹。KDJ 指标也在股价反弹后形成了向上的黄金交叉，并在后续持续上扬，代表股价即将形成一波上涨。

虽然此时还难以判断股价上涨的幅度，但对于高位被套的投资者来说，这一波反弹的顶部是很好的卖出机会。从均线的状态来看，20 日均线已经拐头向下，60 日均线的上扬角度也开始变缓，后市即将面临的可能就是下跌行情，所以投资者最好还是保持谨慎，在反弹顶部及时卖出。

从后续的走势也可以看到，在 10 月中下旬，股价于 24.00 元价位线附近受到压制后拐头向下。KDJ 指标也跟随转折向下并形成了死亡交叉，再次预示了后市的下跌，此时卖出对被套的投资者来说是较好的选择。

1.3　KDJ 指标的参数设置

KDJ 指标的参数设置，主要设置的对象就是用于计算 KDJ 指标的时间周期，至于在 RSV 值基础上计算的 K 值、D 值和 J 值的平滑天数，一般不需要改变。

通过设置时间周期，投资者能够将 KDJ 指标调整得更适合短线或中线操作，也可以更贴近自己的需求，这在一定程度上降低了失真信号出现的频率。

1.3.1　短线投资的参数设置

从 KDJ 指标中四项关键数据（RSV 值、K 值、D 值和 J 值）的计算公式来看，K 值是对 RSV 值的 N 日平滑移动平均数；D 值又是 K 值的 N 日平滑移动平均数；J 值是三倍的 K 值与两倍 D 值的差值。

一般来说，计算 K 值和 D 值时，使用的平滑天数基本上是不会改变的，都默认为 3 日。也就是说，K 值是连续三个交易日的 RSV 值的平滑移动平均数；D 值是连续三个交易日的 K 值的平滑移动平均数。

那么，投资者能够灵活设置的就是用于计算 RSV 值的时间周期了。在多数炒股软件中，系统默认的参数为 9。也就是说，KDJ 指标中 RSV 值计算的基础是近九个交易日内的最高价和最低价。

这个默认参数 9 的由来众说纷纭，但无论是出于什么原因，最近九个交易日内的最高价和最低价已经成为 KDJ 指标计算的默认数据。也正因为九个交易日的时间较短，KDJ 指标的敏感度相较于其他技术指标来说会偏高，比较适用于中短线操作。

但有些时候，某些短线投资者或超短线投资者，渴望更快速地操作指导。那么，这部分投资者就可以将 KDJ 指标的时间周期再缩短一些，比如缩短为六个交易日、五个交易日甚至三个交易日等。

不过，时间周期越短，KDJ 指标出现失真信号的可能性也越大，这一点是无可避免的。因此，短线投资者在设置的时候需要考虑到这部分因素，谨慎选择适合自己的时间周期。

本节就将选取五个交易日的时间周期来向短线投资者展示灵敏度更高的 KDJ 指标使用起来有何变化。

下面来看一个具体的案例。

实例分析

蓝丰生化（002513）KDJ 指标参数的设置和短线参数的使用

图 1-13 为 KDJ 指标参数经过修改后的蓝丰生化 2021 年 2 月到 5 月的 K 线图。

从图 1-13 中可以看到，蓝丰生化正处于上涨阶段中。1 月底到 2 月初，股价还在不断收阴下跌，导致 KDJ 指标产生下行走势。

直到 2 月 4 日，股价向下接触到了 3.40 元价位线，并创出 3.39 元的新低后止跌回升。随后，股价便形成了连续数日的收阳上涨，带动 KDJ 指标迅速上行，形成了黄金交叉，并一路向上来到了超买区以内。

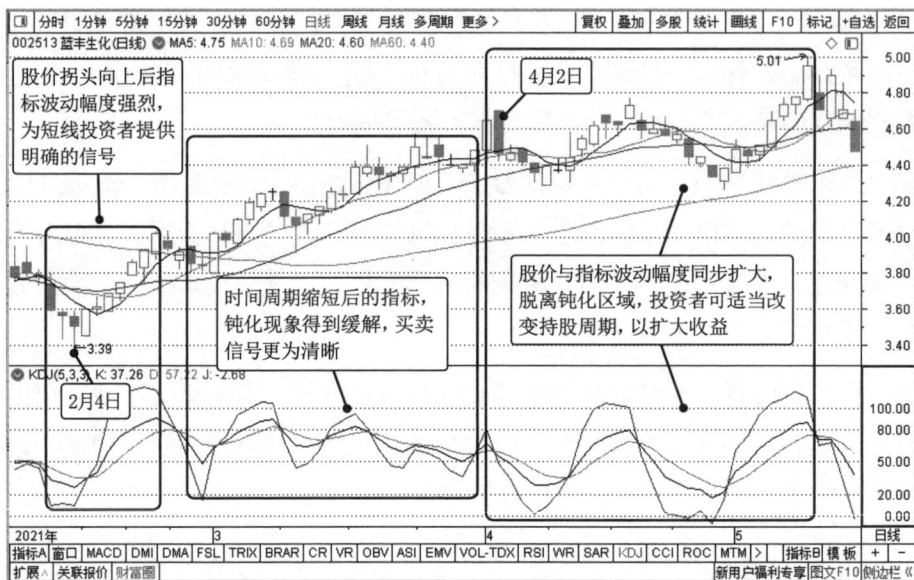

图 1-13 蓝丰生化 2021 年 2 月到 5 月的 K 线图

继续来看后面的走势。股价此次拉升并未持续太久，很快便在 2 月下旬触及 4.00 元价位线，受到压制后进入回调。KDJ 指标也迅速向下转折，形成了一个死亡交叉。但此次股价回调的幅度并不大，持续时间也不长，在数日后便在 3.80 元价位线附近受到支撑，再次收阳上涨。

但是从 KDJ 指标的表现可以看出，指标线的波动非常剧烈。仅仅是股价从 4.00 元跌至 3.80 元这段时间，KDJ 指标中的 J 线就从 100 线以上跌到了 20 线以下，贯穿了整个波动区域。

从后续的走势来看，股价上涨的速度变慢了，但整体依旧踩在 20 日均线上，稳定向上攀升。

这样的走势正好满足了 KDJ 指标形成钝化的条件，但从时间周期缩短了的 KDJ 指标来看，在股价震荡攀升的过程中，指标的钝化现象并不严重。尽管指标长时间保持在 80 线附近波动，但每一次波动的形态都比较清晰，并且与股价的涨跌几乎吻合。

拓展知识　*KDJ 指标时间周期缩短后为短线投资者带来的优势*

　　根据股价从 4.00 元跌至 3.80 元这段时间的走势，以及后期的钝化现象可以明显看出，KDJ 指标的时间周期缩短后，波动幅度扩大了不少，相应的也将原本指标的钝化现象缓解了不少。虽然指标变动幅度更大了，但这样的改变对于短线投资者，尤其是超短线投资者来说正好。

　　一般来说，短线投资者的持股时间在几周之内，更短的超短线投资者则是在一日到一周之内不等。波动幅度如此大的 KDJ 指标，正好为这部分投资者提供了急需的买卖指导。因此，部分短线投资者和超短线投资者完全可以根据指标线的转折和交叉形态来判断市场走向，进行买卖操作。

　　虽然在 KDJ 指标产生钝化期间，指标的买卖信号形成得比较频繁，但对于短线投资者和超短线投资者来说，这正是他们需要的快速指导信号。至于是否在每一个买卖点都进行操作，这就是投资者自己需要考虑的问题了，但时间周期缩短了的 KDJ 指标提供的买卖信号还是比较可靠的。

　　这样的小幅震荡走势一直持续到了 4 月初。4 月 2 日，股价高开后在数分钟内急速下坠，盘中跌幅最低达到了 4.95%。触底后股价小幅回升，但最终还是以 4.09% 的跌幅收出一根阴线。

　　在随后的交易日中，股价震荡下行，来到了 4.30 元价位线附近，相较于前期的跌幅来说已经比较大了。因此，KDJ 指标打破了钝化的走势，在形成一个死亡交叉后连续下行，J 线进入了超卖区以内。

　　很快，股价得到支撑再次收阳上涨，指标转折向上，在形成了一个黄金交叉后保持上行，J 线又一次上冲到了超买区以内。股价此次的涨势也十分强劲，很快便来到了 4.80 元价位线附近，越过了前期高点。

　　在后续的走势中，股价又出现了一次下跌上涨的走势，这两次的下跌和上涨幅度相较于前期都有所扩大。

　　观察 KDJ 指标也可以发现，相较于前期钝化的走势，在后面两次的涨跌过程中，KDJ 指标的波动幅度明显扩大，尤其是 J 线，连续贯穿超买区和超卖区，甚至数次超越到了 0 线和 100 线之外。

KDJ 指标的波动幅度如此之大，也意味着股价波动幅度的扩大，对于短线投资者和超短线投资者来说，这样的信号也非常关键。通过这些信号，投资者就可以在股价拉升过程中适当延长自己的持股时间，在下跌过程中也不着急买进，实现收益的扩大。

拓展知识 *KDJ 指标参数的设置方式*

KDJ 指标的参数设置非常简单，先进入任意个股的 K 线图中，在 K 线图下方的指标窗口中右击 KDJ 指标中的任意一条指标线，在弹出的快捷菜单中选择"调整指标参数"命令，打开 KDJ 指标参数调整对话框，如图 1-14（左）所示。

在 KDJ 指标参数调整对话框中有三个数值框，自上而下分别是计算 RSV 值的时间周期、计算 K 值的平滑天数和计算 D 值的平滑天数。若投资者想要缩短 KDJ 指标的时间周期，只需要在第一个数值框中将默认数字 9 改为想要的数字即可，这里将其改为 5，如图 1-14（右）所示。

将数字修改后，指标窗口中会自动产生相应的改变，投资者只需单击"关闭"按钮，就可以回到 K 线图中使用新周期的 KDJ 指标了。

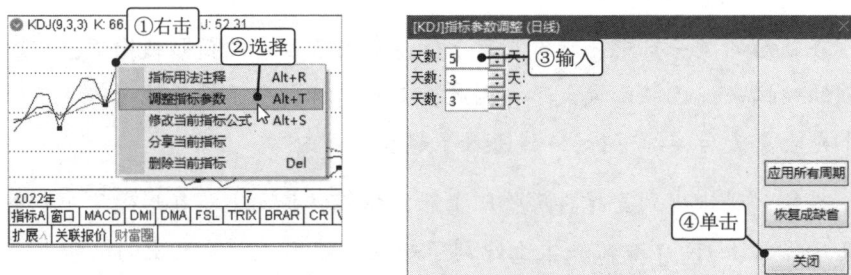

图 1-14 KDJ 指标参数调整的过程

1.3.2 中线投资的参数设置

中线投资的参数设置自然就是将 KDJ 指标的时间周期拉长，至于拉长多少，要看投资者希望的持股时间有多长。

　　比如投资者希望持股时间在两个月左右，那么就可以将 KDJ 指标的时间周期设置为 60 日。如果投资者认为 60 日过长，也可以设置为 30 日或者 20 日等。具体的周期投资者可以自行设置，每个人的需求都不同，不必拘泥于某一特定周期。

　　但指标周期的设置最好不要超过持股周期，毕竟设置得太长，KDJ 指标发出的买卖信号的间隔也会拉长，很有可能导致投资者错过合适的买卖时机。同时，指标的钝化现象也会随着时间周期的拉长而更为严重，这一因素也是投资者需要考虑的。

　　本节就将 KDJ 指标的时间周期设置为 30 日，以此来分析时间周期拉长后的 KDJ 指标在中线投资中的优势。

　　下面来看一个具体的案例。

实例分析

中交地产（000736）KDJ 指标中线参数的使用

　　图 1-15 为中交地产 2022 年 3 月到 5 月的 K 线图。

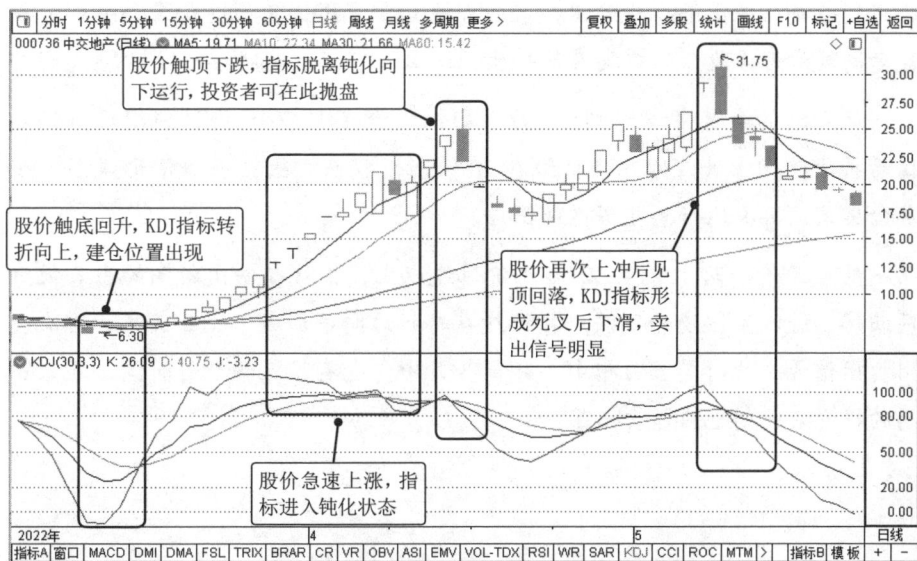

图 1-15　中交地产 2022 年 3 月到 5 月的 K 线图

从 K 线图中可以看到，中交地产正处于上涨行情中。在 3 月中上旬，股价正在经历一波回调，KDJ 指标也跟随下行，J 线来到了超卖区，甚至来到了 0 线以下。

在 3 月中旬，股价创出了 6.30 元的阶段新低，随后便出现了快速的收阳回升。KDJ 指标反应快速，很快便向上转折，在数日后就形成了一个黄金交叉，投资者可在此位置适当建仓。

继续来看后面的走势。伴随着指标线的上扬，股价上涨的速度越来越快，最终形成了连续的涨停，很快便来到了 20.00 元价位线附近。股价在此位置受到压制，横盘了数日后再次上升，最终冲上了 25.00 元。由于股价的涨势有所减缓，KDJ 指标在高位形成了钝化，开始在 100 线以下横向波动。

4 月中旬，股价在冲上 25.00 元后冲高回落，形成了一根大阴线，随后快速下跌。KDJ 指标受到影响迅速拐头向下，脱离了钝化状态，在形成一个死亡交叉后向下辐射开来，发出了明确的卖出信号。

此时距离 3 月中旬建仓的位置已经有了近一个月的时间，并且股价从 6.00 元附近一路上涨至 25.00 元以上，已经翻了三倍有余。无论是持股时间还是已得利益都已经足够，投资者完全可以在此位置迅速卖出。如果仍有部分投资者高度看好该股，不愿意在此抛盘，那么还可以继续观察一段时间。

从后续的走势可以看到，4 月下旬，股价在 17.50 元价位线附近得到支撑后再次收阳上冲。KDJ 指标线在 50 线附近拐头向上，很快便形成了一个黄金交叉，再次运行到超买区范围内。

随后股价一路上涨至 30.00 元价位线以上，但就在创出新高的当日便触顶回落，进入了快速的下跌。指标线在转折后向下形成了死亡交叉，再次发出卖出信号。此时是 5 月中旬，距离 3 月中旬也有了近两个月时间，还未出局的投资者此刻也应该卖出了。

第2章

[**KDJ指标线与钝化的应用**]

通过前面对基础内容的学习，相信投资者对于KDJ指标的特性及功能已经比较熟悉了，但还需要进一步了解其深入的应用方式，这样才能在实际操作过程中提高成功率。

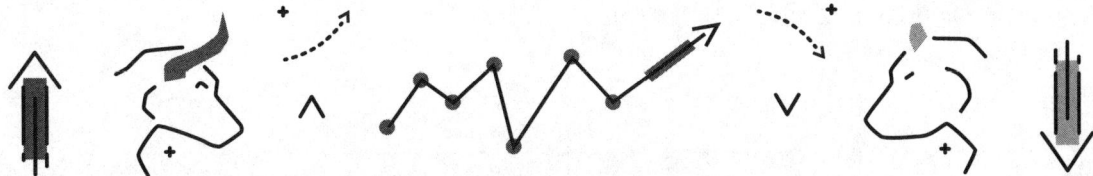

2.1 指标线 K 线的使用方式

K 线是位于 KDJ 标指三条指标线中央的一条线，是在 RSV 值的基础上计算而来，并从中延伸出了 D 线和 J 线（D 线和 J 线都是基于 K 线计算出的平滑移动平均线）。

可以说，K 线是这三条线之中最为重要的一条，另外两条线都是跟随着 K 线的变动而变化，这一点从 KDJ 指标的运行状况也可以发现，如图 2-1 所示。因此，学习 K 线的使用方法就十分重要了。

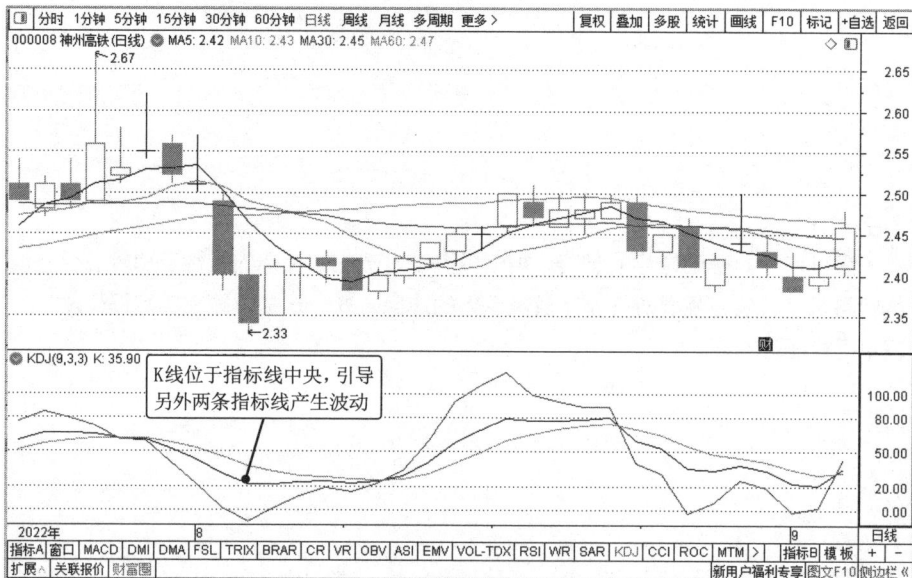

图 2-1　KDJ 指标运行过程中 K 线引导 D 线与 J 线

2.1.1 KDJ 指标的 K 线呈上行趋势

由于 KDJ 指标的 K 线是在 RSV 值的基础上计算而来，因此它与股价的贴合度相对较高，但也并不会像 J 线那样反应激烈。因此，用 K 线的走势来判断股价趋势还是比较准确的。

　　当 KDJ 指标的 K 线呈不断上行的走势时，股价也大概率在不断攀升。如果在攀升过程中股价形成小幅度的震荡，但并未撼动 K 线的上扬趋势，那么上涨的状态将会持续下去。

　　不过，一旦 K 线的上扬走势变缓或是走平，甚至产生向下滑落的趋势时，股价就有可能会进入回调或者下跌之中。此时，投资者就要引起警惕了，尤其是短线投资者，最好在股价发生下跌之前就及时卖出，比如在 K 线走平但还未拐头向下之时。

拓展知识　*KDJ 指标的 K 线走平不一定意味着股价下跌*

　　不是任何时候 KDJ 指标的 K 线走平都意味着股价下跌，还有一种特殊情况，就是当 KDJ 指标在高位形成钝化时。这个时候的 K 线就很有可能会走平，并在高位形成小幅震荡，但此时的股价还在不断上涨。此时投资者可以不着急卖出，但是一旦 KDJ 指标有脱离钝化的趋势，也就是向下拐头下跌时，投资者就要及时卖出了。

　　下面来看一个具体的案例。

实例分析

明志科技（688355）KDJ 指标中 K 线上扬时的操作

　　图 2-2 为明志科技 2021 年 9 月到 12 月的 K 线图。

　　从图 2-2 中可以看到，明志科技正处于下跌走势向上转向的过程中。在 9 月期间，股价还在均线的压制下震荡下行，但是 KDJ 指标中的 K 线已经有了向上转向的迹象，这说明市场中的多方开始发力，买盘增大，后市可能会有一波反弹。

　　果然，在 10 月初，股价在 24.00 元价位线附近受到支撑后，开始形成收阳上涨。此时 KDJ 指标中的 K 线已经拐头向上，并且伴随着股价的小幅震荡，K 线也形成了小幅的波动，但并未改变整体上扬的走势，说明股价此次反弹势在必行。

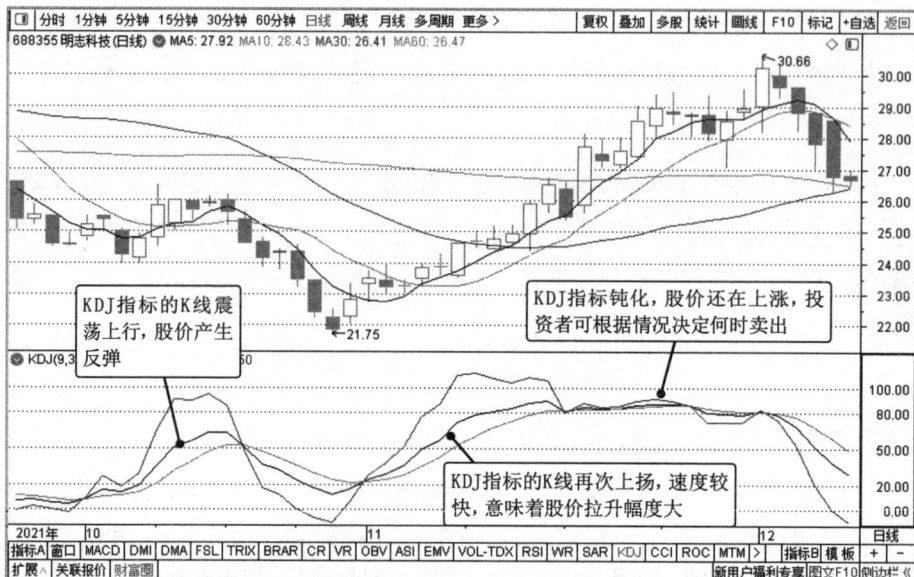

图 2-2　明志科技 2021 年 9 月到 12 月的 K 线图

继续来看后面的走势，10 月中旬，股价的反弹在 26.00 元价位线附近受到了压制，进入了横盘之中。在此过程中，KDJ 指标中 K 线的上扬走势逐渐变缓，并形成了走平走势，这意味着股价可能即将转向下跌，持股的短线投资者要注意及时卖出。

果然，10 月中旬之后，股价开始了大幅的收阴下跌，直到 10 月底才在 22.00 元价位线附近得到支撑。在创出 21.75 元的新低后，股价又一次开始了收阳上涨。

在股价得到支撑触底回升的同时，KDJ 指标的 K 线也在底部拐头再次向上。这一次无论是 K 线上扬的速度还是稳定程度，都比前一次要高出不少。并且在 11 月中上旬，K 线就进入了 80 线以上，来到了超买区以内，这意味着股价的这一波拉升比上一次的反弹幅度要高很多。

股价的走势也证实了这一点，在 KDJ 指标的 K 线进入超买区以后，股价还在不断上扬，一路突破了前期高点，来到了 26.00 元价位线以上。但在股价连续上涨的过程中，KDJ 指标却出现了钝化，在 80 线以上横向震荡。

钝化的 K 线意味着股价还在不断上涨，此时，谨慎的短线投资者可以择高卖出，惜售的投资者则可以继续等待。

从后续的走势中可以看到，在 12 月初，股价上涨越过了 30.00 元价位线，并创出了 30.66 元的新高，随后便拐头下跌，出现了大幅收阴。KDJ 指标也脱离了钝化，K 线拐头向下，带动指标的其他两条线迅速下行，这意味着股价即将进入回调或是下跌之中，此时投资者就要及时卖出了。

2.1.2　KDJ 指标的 K 线呈下降趋势

当 KDJ 指标中的 K 线呈现出不断下行的走势时，股价也很有可能处于下跌过程中。如果股价在下跌过程中产生不断的震荡，有可能会破坏 K 线的下行走势，但若指标线整体呈现出向下运行的状态，那么股价也大概率不会产生大幅反弹。

举个简单的例子，KDJ 指标的 K 线有时候会呈波浪式向下滑行，但股价依然在震荡下跌，如图 2-3 所示。

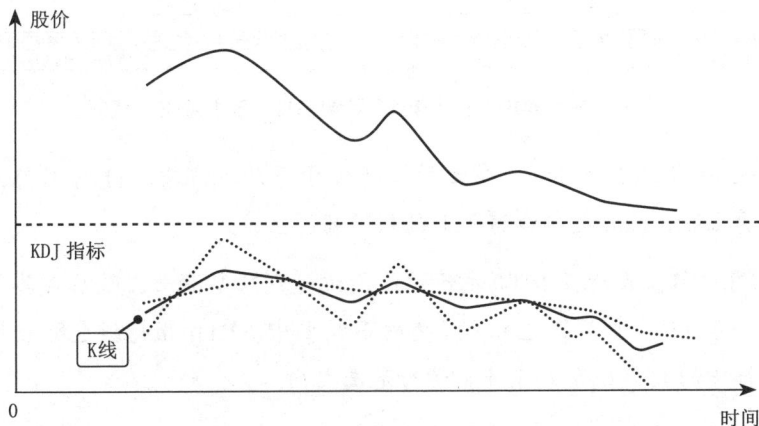

图 2-3　KDJ 指标的 K 线呈波浪式下行

在这种情况下，投资者就不能轻易判断股价何时会产生反弹或是趋势的转向，应当在场外保持观望，不要频繁进行买卖交易。

下面来看一个具体的案例。

实例分析

东土科技（300353）KDJ 指标中 K 线下滑时的操作

图 2-4 为东土科技 2018 年 11 月到 2019 年 1 月的 K 线图。

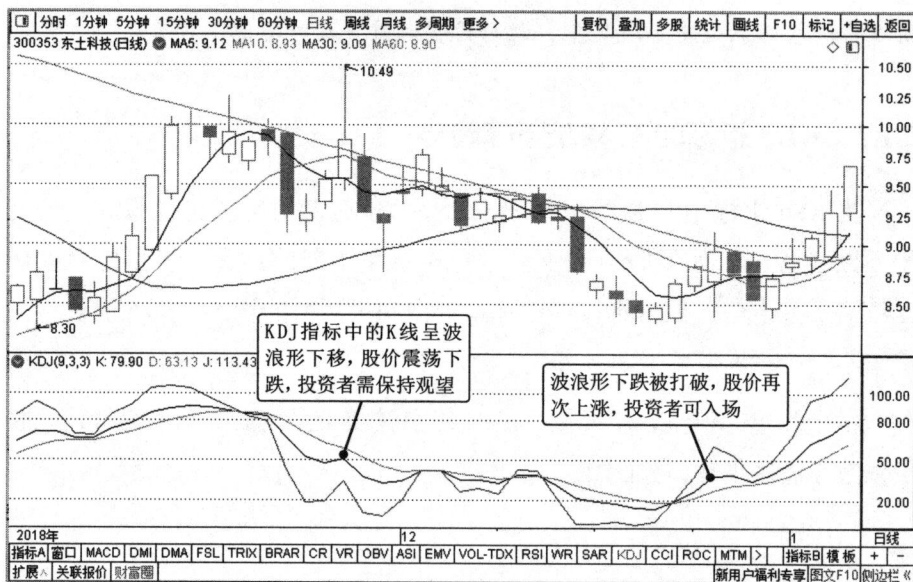

KDJ 指标中的 K 线呈波浪形下移，股价震荡下跌，投资者需保持观望

波浪形下跌被打破，股价再次上涨，投资者可入场

图 2-4　东土科技 2018 年 11 月到 2019 年 1 月的 K 线图

从 K 线图中可以看到，东土科技正处于下跌过程中。11 月上旬，股价还维持着上涨，KDJ 指标线随之上扬到了超买区以内。

11 月中旬，股价在 10.00 元价位线附近受到压制滞涨，随后在其下方横盘数日，于 11 月中下旬进入了震荡的下跌之中。KDJ 指标线也随之拐头向下，指标中的 K 线跌落到了正常运行范围之内。

但在后续的走势中，股价并未持续下跌，而是在不断地反弹与下跌之中循环往复，整体处于 60 日均线的压制之下，不断向下运行。在此期间，原本转向下方的 KDJ 指标的 K 线不断跟随股价形成上下波动，表现出波浪形的走势，不过整体来看 K 线还是在向下移动。

这意味着股价短时间内将持续这样的震荡走势，并且难以判定何时发生转折。此时，已经入场的投资者要及时卖出持股，还在观望的投资者也不可冒进。

这样的震荡走势一直持续到了 12 月下旬，股价在 8.50 元价位线附近得到支撑后止跌，横盘数日后再次回升。KDJ 指标中的 K 线终于结束了震荡下跌的走势，转而向上攀升，进入上升趋势之中。这意味着上一波的下跌暂时告一段落，下一波的上涨已经到来，前期持观望态度的投资者此时就可以买进了。

2.1.3　KDJ 指标的 K 线方向发生转折

KDJ 指标中 K 线的方向发生转折无非就是向下或是向上的转折，这两种形态都很好理解。但是由于 KDJ 指标的灵敏度过高，很多时候股价一个小小的震荡都会导致 KDJ 指标的 K 线产生转折，发出失真信号，尤其当指标产生钝化后，这样的问题更加严重，如图 2-5 所示。

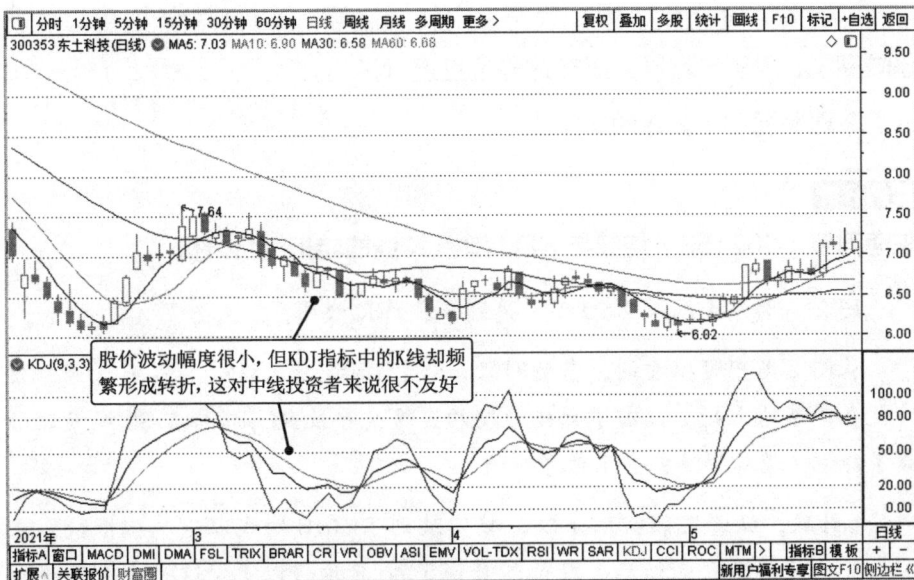

图 2-5　KDJ 指标中 K 线转折过于频繁

对于短线投资者来说，短期震荡形成的信号倒是可以帮助自己实现快进快出。但对于中线投资者来说，在每一个转折点都进行操作显然是不可能的。因此，投资者在观察 KDJ 指标的 K 线方向发生转折时，需要结合股价的行情走势来判断。

如果投资者并不追求行情最高点或是最低点，那么就可以在上涨行情或是下跌行情之中，选择阶段高点或是阶段低点。在这些位置重点关注 KDJ 指标中 K 线的转折，就能够很好地实现买卖点的精准化。

那么，如何判断行情之中的阶段高点和阶段低点呢？如果单单只看 KDJ 指标，一般情况下是很难判断的，因此，投资者可以结合均线指标来进行分析。

这里介绍一种比较简单的判断方法，就是当行情处于稳定的上涨或是下跌过程之中，长期均线都会保持着持续的上扬或是下降走势。当较短周期的均线回调或是反弹接近长期均线，但又没有彻底跌破或是突破长期均线时，投资者就可以将这些位置视作阶段低点或是阶段高点。

若此时 KDJ 指标中的 K 线再发出转折信号，那么买卖点的可靠度就比较高了，投资者可以大胆在这些位置进行操作。

下面来看一个具体的案例。

实例分析

东南网架（002153）均线与 KDJ 指标 K 线的转折结合分析

图 2-6 为东南网架 2020 年 1 月到 5 月的 K 线图。

从图 2-6 中可以看到，东南网架正处于上涨行情之中。从 1 月开始，股价就在不断地上扬，但由于上扬速度的变缓，导致 KDJ 指标在 80 线附近形成了钝化，指标暂时失去了参考价值。

1 月底，股价突然收阴下跌，整体跌到了 60 日均线以下。但很快，在创出 5.28 元的阶段新低后，股价回升到了 60 日均线以上，这意味着股价得到了支撑，虽然跌幅稍大，但这也只是一次短暂的回调。

在股价回调的过程中，KDJ 指标脱离了钝化区域，KDJ 指标的 K 线向下运行到了 50 线以下，但很快便伴随着股价的上涨而向上转向。KDJ 指标与均线指标的配合加强了此处的买入信号，投资者可以在此处试探性建仓。

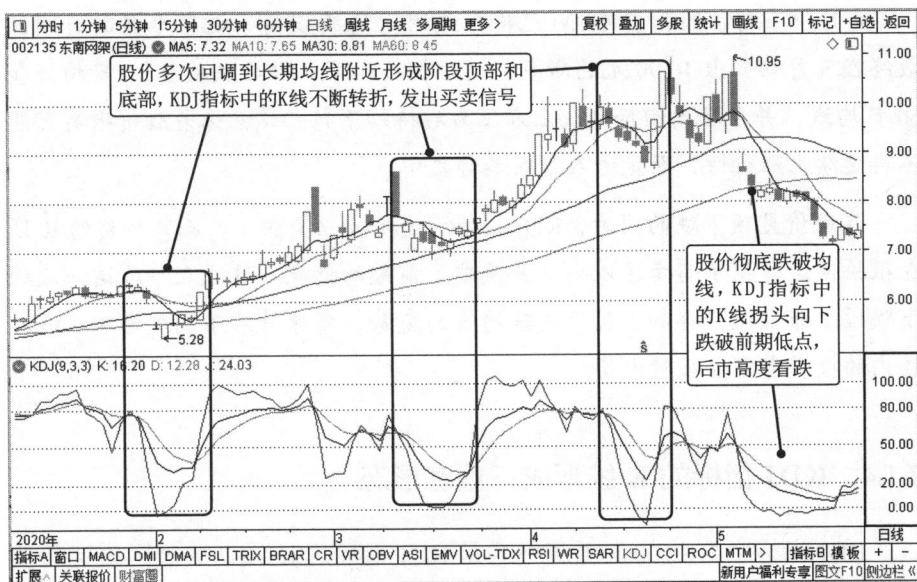

图 2-6　东南网架 2020 年 1 月到 5 月的 K 线图

继续来看后面的走势。股价在回升到 60 日均线上方后，便开始了震荡上涨，伴随着上涨速度的变化，KDJ 指标再一次形成了钝化。但从均线指标的表现来看，股价始终运行在长期均线以上，虽然有所震荡，但并未产生向下滑落的趋势，投资者依旧可以保持持股。

在 3 月中上旬时，股价在一次大幅收阴之后开始向下靠近 30 日均线。KDJ 指标中的 K 线也转头向下，脱离了钝化区域后不断向下运行，此处为短线投资者和部分中线投资者的卖出位置。

很快，股价在 30 日均线处受到了支撑，随后便再次形成了收阳上涨的走势。同一时期，KDJ 指标脱离钝化区域再次下行，KDJ 指标的 K 线运行到了靠近 20 线的位置，随后拐头向上，又一次形成了转折的走势，结合均线指标的表现来看，此处又可以作为一个建仓点和补仓点。

从后续的走势可以看到，在 4 月期间，股价又一次形成了上涨受阻后回调到 30 日均线上，受到支撑回升的形态。同时，KDJ 指标也伴随着股价的回调、上涨而向下、向上转向，发出了买卖信号。

4 月中下旬，股价在 10.00 元价位线附近连续震荡了近半个月的时间，最终在 5 月初创出 10.95 元的新高，随后拐头向下，彻底跌破了 30 日均线和 60 日均线，并在后续回抽确认上方压力后持续下行。这意味着股价很有可能不再延续上涨行情，而是进入下跌趋势之中。

在股价见顶下跌的同时，KDJ 指标迅速跟随拐头向下，KDJ 指标的 K 线也很快便运行到了超卖区以内，并跌破了前期的低点。这代表股价这一波的下跌幅度非常大，再加上股价跌破均线的走势，意味着后市高度看跌，还在场内的投资者需要及时出局。

2.1.4　KDJ 指标的 K 线形成三重底形态

KDJ 指标中 K 线的三重底指的是 KDJ 指标的 K 线在底部区域运行的过程中，连续三次下跌又连续三次被拉起，形成的一种底部形态。这是一种预示后市上涨的形态，也是对指标钝化的一种利用，如图 2-7 所示。

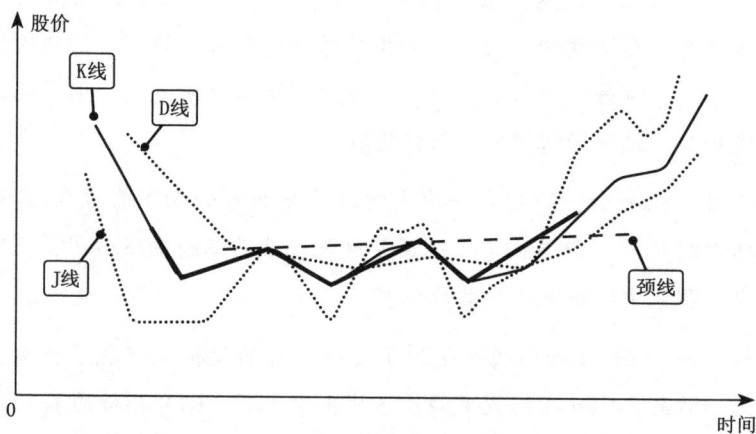

图 2-7　KDJ 指标中 K 线的三重底形态

要使 KDJ 指标的 K 线在底部区域形成三跌三涨，那么 KDJ 指标大概率在底部形成了钝化，这样才有更大的机会形成三重底。当然，并不是所有 KDJ 指标的 K 线三重底都只能在指标钝化后才能形成，只是指标在钝化后形成的可能性比较大。

在整个三重底形成过程中，连接两个波峰延伸而出的线叫作颈线，是三重底形态的压力线（不一定是水平线）。当 KDJ 指标的 K 线再次上涨突破这条压力线时，就代表着股价可能即将转向上涨，形态在此刻也会宣告成立。

需要注意的是，三重底形态的三个低点并不需要处于同一水平线上，若形态的后一个低点都高于前一个低点，那么形态看涨的信号会更为强烈。并且如果三个低点全都位于 20 线以下，那么形态的可靠度也会更高。

下面来看一个具体的案例。

实例分析

合力科技（603917）KDJ 指标中 K 线的三重底应用

图 2-8 为合力科技 2022 年 3 月到 6 月的 K 线图。

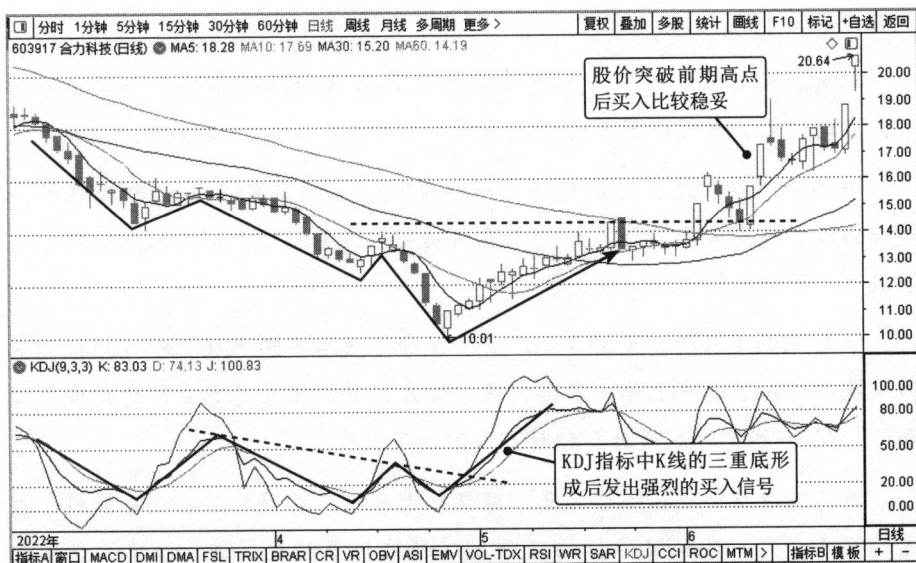

图 2-8　合力科技 2022 年 3 月到 6 月的 K 线图

从 K 线图中可以看到，合力科技正处于下跌行情向上转势的过程中。在 3 月初，股价还在不断收阴下跌，直到 3 月中旬才在 14.00 元价位线附近受到支撑止跌，并在后续形成了小幅的回升。

同时，KDJ 指标中的 K 线跟随下行到了 20 线以下，伴随着股价的回升而拐头向上，回到了正常运行范围内，在此形成了一个低点。

3 月中下旬，股价小幅回升到 16.00 元价位线附近后便受到压制，开始缓慢下滑。KDJ 指标的 K 线在上扬到 50 线以上后，很快便跟随下滑的股价拐头向下，形成了一个波峰。

4 月中上旬，股价跌速不断加快，最终来到了 13.00 元价位线附近，在此受到支撑后再次形成了一个小幅反弹。KDJ 指标的 K 线也下滑到了 20 线以下，股价反弹的同时带动 K 线拐头向上，又一次形成了一个低点。

4 月中旬之后，股价在 14.00 元价位线附近受压拐头下跌，KDJ 指标的 K 线跟随回升到 20 线以上后再次转折向下，形成了第二个波峰。

4 月底，股价跌至 10.00 元价位线附近，创出 10.01 元的新低后迅速收阳上涨，涨速非常快。KDJ 指标中的 K 线也在下行到 20 线以下后拐头上涨，形成了第三个低点。

此时，KDJ 指标中 K 线的三重底形态已经比较清晰了，三个低点及两个高点的形成，构筑出了三重底的雏形，并且三个低点都在 20 线以下。

将两个波峰相连，可以延伸出一条颈线，这就是 KDJ 指标中 K 线的关键压力线。只要 K 线跟随股价的上涨成功突破这条颈线，那么形态就可以宣告成立，股价也将进入一波上涨之中。

从后期的走势可以看到，4 月底，股价见底后不断上扬，KDJ 指标的 K 线从底部转向后迅速上升，直接突破了颈线，并伴随着稳定上行的股价而逐渐运行到 80 线附近，随后在相对高位形成了钝化。

这意味着股价还在继续上涨，可见三重底形态的买入信号非常强烈。激进的投资者可以在 KDJ 指标的 K 线突破颈线位置时就买进，谨慎的投资者则可以等到股价突破前期高点后再建仓。

2.1.5　KDJ 指标的 K 线形成三重顶形态

在了解了 KDJ 指标中 K 线的三重底形态后，再来理解 KDJ 指标中 K 线的三重顶形态就很简单了。KDJ 指标中 K 线的三重顶指的是 KDJ 指标的 K 线在相对高位的区域运行时，连续三次上涨又连续三次跌落，形成的一种顶部形态，是预示后市下跌的看空形态，如图 2-9 所示。

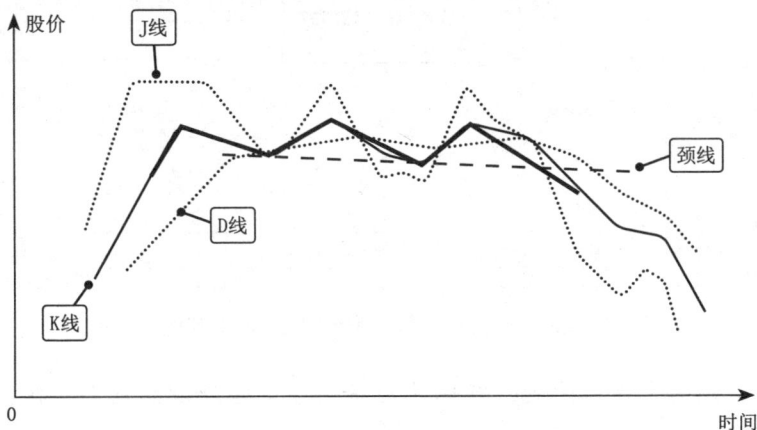

图 2-9　KDJ 指标中 K 线的三重顶形态

三重顶形态同样有颈线，是由两个低点连线延伸而出的一条支撑线。当 K 线向下跌破这条支撑线后，就意味着形态成立，股价即将迎来一波回调或下跌。

如果三重顶形态的三个高点都位于 80 线以上，那么该形态的可靠度将非常高。股价在后市的下跌幅度不明，但短时间内的跌势比较确定，投资者应当根据自己的投资策略决定是否卖出。

下面来看一个具体的案例。

实例分析

双环传动（002472）KDJ 指标中 K 线的三重顶应用

图 2-10 为双环传动 2021 年 9 月到 2022 年 2 月的 K 线图。

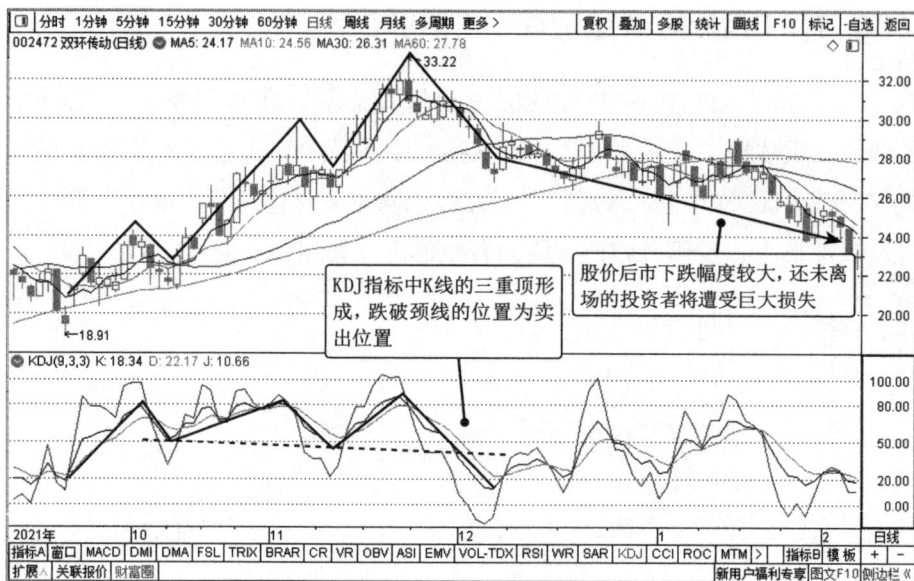

图 2-10　双环传动 2021 年 9 月到 2022 年 2 月的 K 线图

从 K 线图中可以看到，双环传动正处于上涨阶段的顶部。在 2021 年 9 月中上旬，股价还在回调下跌，一路跌至 20.00 元价位线，直到 9 月中旬才创出 18.91 元的新低，随后在 60 日均线的支撑下震荡向上攀升。

在股价攀升的过程中，KDJ 指标中的 K 线受到影响转折向上，一路上行来到了 80 线附近。但 K 线在还未突破 80 线时，就被股价的一次回调打断了上扬走势。

10 月初，股价在 24.00 元价位线附近受到压制后，向下跌落来到了 60 日均线附近。KDJ 指标的 K 线也跟随其转折向下，形成了第一个波峰。

股价在跌至 60 日均线附近后，很快便止跌回升，开启了第二波拉升。KDJ 指标的 K 线跌落到 50 线附近后，也开始跟随股价震荡向上运行，尽管途中产生了些许波动，但整体走势是上扬的。

11 月初，股价在 30.00 元价位线附近受到压制后小幅回落，KDJ 指标的 K 线运行到 80 线附近后也跟随股价回调，形成了第二个波峰。

11 月中上旬，股价在 26.00 元价位线附近横盘数日，随后便形成了再次的上冲，带动 KDJ 指标中的 K 线又一次拐头向上，很快冲到了 80 线以上，说明股价这一波的拉升比较迅猛。

事实也确实如此，在数日之后，股价就从 26.00 元价位线附近来到了 32.00 元价位线上方，并创出了 33.22 元的新高。随后，股价就开始拐头形成下跌。KDJ 指标的 K 线在运行到 80 线以上后，受到股价的影响转折向下，形成了第三个波峰。

此时，投资者已经可以大致看出 KDJ 指标中 K 线的三重顶形态了，三个波峰和两个波谷都已经形成。尽管这三个波峰没有全都站到 80 线以上，但都是非常靠近 80 线的。将两个波谷连线并延伸，就形成了形态的颈线，KDJ 指标的 K 线跌破这条颈线后，就可以认为形态成立。

从后续的走势可以看到，股价从 33.22 元的顶部滑落后，跌幅明显较大，很快便跌穿了 30 日均线。如此迅猛的跌势也带动 KDJ 指标的 K 线持续下行，一路跌穿了 50 线，随后便跌破了形态的颈线。

此刻，三重顶形态成立，进一步确认了股价的下跌走势。此时，还未离场的投资者需要迅速卖出，避免股价产生更大的跌幅，造成巨额损失。

2.2　KDJ 指标的 D 线如何应用

由于 D 值是 K 值的 3 日平滑移动平均数，相较于 KDJ 指标的 K 线来说，D 线就具有稳定性强的特点。也就是说，K 线在经过平滑后得出的 D 线，在按照某一趋势运行时，持续的时间会更长一些，也会抹除掉股价震荡过程中 K 线形成的一些小幅的转折。

因此，投资者在使用 D 线时，操作的滞后性可能会更强一些，短线投资者或超短线投资者也可能会错失一些买卖机会，但这样的操作方式会更为稳妥，适合稳健型的投资者。

2.2.1 D 线与 50 线的交叉形态

在 KDJ 指标的摆动区域中，50 是中间值，50 线则是一条多空力量强弱的分界线。每当 KDJ 指标线与其产生交叉时，都意味着市场多空双方主导位置的变化。

由于 D 线的滞后性最强，一般来说，当 KDJ 指标有向上或向下越过 50 线的趋势时，K 线和 J 线都会先于 D 线上穿或下穿 50 线。这意味着多空双方的位置已经发生对换，某一方在此期间更为强势，股价有可能将沿着强势方的方向运行。

当 K 线和 J 线完成对 50 线的交叉后，D 线再紧随其后完成穿越，就是对前期买卖信号的确认，投资者可以大胆跟随操作。

但如果 K 线和 J 线已经越过 50 线到其上方或下方，D 线在后续并未形成相应的走势，那么这两条线与 50 线交叉形成的买卖信号就并不强烈，甚至是误导性的信号。因此，稳健型的投资者最好等待 D 线彻底越过 50 线后再做决定。

下面来看一个具体的案例。

实例分析

海默科技（300084）KDJ 指标中 D 线与 50 线的交叉形态

图 2-11 为海默科技 2021 年 5 月到 9 月的 K 线图。

从图 2-11 中可以看到，海默科技正处于上涨过程中。在 5 月底时，股价还在相对低位震荡，直到在 4.00 元价位线附近得到支撑，并创出 4.02 元的阶段新低后，股价才开始回升。

此时，已经下行到 50 线以下的 KDJ 指标跟随股价拐头向上，K 线和 J 线首先越过了 50 线，D 线紧随其后也突破了 50 线。这意味着股价此次的上涨还是比较可靠的，此处可作为一个买入点。

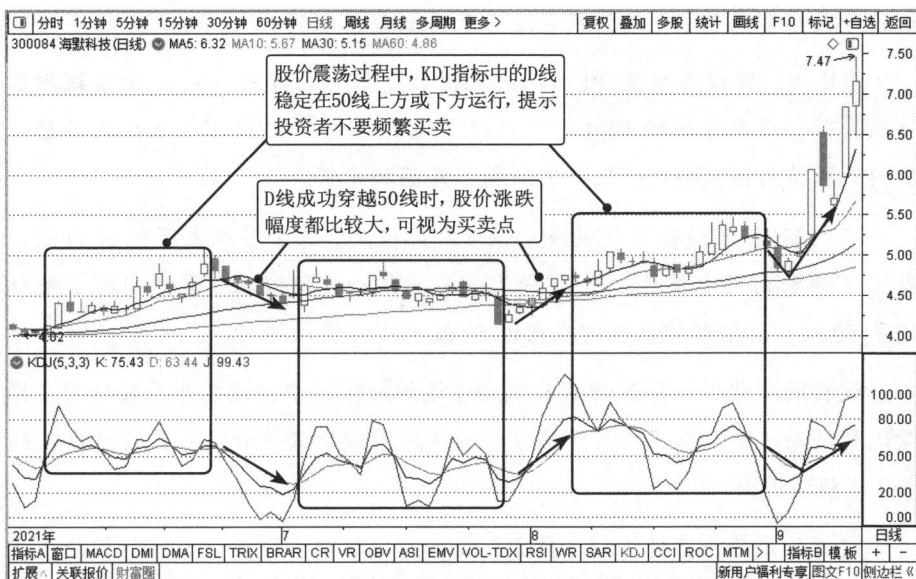

图 2-11　海默科技 2021 年 5 月到 9 月的 K 线图

从后续的走势可以看到，在 6 月期间，KDJ 指标在运行到 50 线以上后，便开始横向震荡，形成了一定程度的钝化。

在此期间，KDJ 指标中的 J 线多次下探，跌破了 50 线的支撑，K 线也有一次小幅跌破了 50 线，但 D 线自始至终都在 50 线以上运行。这意味着 K 线和 J 线跌破 50 线形成的卖出信号并不强烈，至少没有得到 D 线的进一步确认。

这一点从股票的走势也可以看出。在 KDJ 指标震荡的过程中，股价在不断向上攀升，均线提供了稳定的支撑力。而导致 KDJ 指标震荡的原因正是股价在上涨过程中不断地回踩均线，每一次都在均线上受到了支撑继续上涨，并且回踩的幅度都不大，时间也不长。因此，没有得到 D 线确认的 KDJ 指标卖出信号，投资者可以直接忽视。

6 月下旬，股价在震荡上涨中遇到了 5.00 元价位线的压制，横盘两个交易日后，快速收阴下跌，一路跌到了 30 日均线上。在股价下跌的同时，KDJ 指标也快速跟随下行，三条指标线都相继向下跌破了 50 线。那么此处的卖出信号就非常强烈了，短线投资者可及时出局。

7 月初，股价在跌至 30 日均线上受到支撑后，便在 4.50 元价位线附近横盘震荡。观察此时的 KDJ 指标可以发现，D 线在 20 线以上止跌回升后，伴随着股价的横盘整理，又一次形成了震荡的走势。

在此期间，J 线和 K 线的波动幅度都比较大，二者多次上下穿越 50 线，发出了频繁的买卖信号。但 D 线几乎不为所动，仅仅在 7 月中旬时小幅越过了 50 线，其他时候基本都在靠近 50 线的下方波动运行。

这样的走势将大幅波动的 K 线与 J 线的转折抹平，这意味着股价正在横向进行窄幅波动，期间的买卖信号并不强烈，投资者最好不要贸然跟随 K 线和 J 线频繁进出。

这样的走势一直持续到 7 月底，股价一次收阴下探在 4.00 元价位线上方受到支撑后，快速收阳上涨，迅速来到了 4.50 元价位线以上，并有继续上扬的趋势。

在股价上涨的同时，KDJ 指标拐头向上，K 线和 J 线率先上扬突破了 50 线。D 线也在股价积极上涨的带动下迅速穿过了 50 线，确认了此处的买入信号，投资者可以在此位置试探性建仓。

从后续的走势可以看到，股价在连续上涨突破了 30 日均线和 60 日均线后，回踩确认了下方的支撑力，随后便在震荡中逐步向上攀升。在此期间，KDJ 指标又形成了频繁的上下波动，但 D 线始终没有向下跌破 50 线，意味着股价此次的上扬走势还是比较确定的，投资者不用急着卖出。

8 月底，股价出现了一次幅度较大的回调，KDJ 指标的三条指标线全部运行到 50 线以下，形成了短期的卖出信号。

但是很快，股价再次在 30 日均线上受到支撑，大幅收阳上涨，甚至形成了一根涨停大阳线。如此积极的上涨走势，带动三条指标线再次上穿到 50 线以上，又一次形成了明确的买入信号，投资者可将此位置视作建仓点或补仓点。

2.2.2　D 线与 K 线间的位置关系

KDJ 指标的 D 线与 K 线之间的位置关系分析，主要体现在 D 线对 K 线的支撑作用和阻力作用。

在前面的内容已经介绍过了，D 线相对于 K 线来说更为平滑和稳定。因此，在上升过程中，若是股价产生震荡导致 KDJ 指标的 K 线拐头向下，但又未能使 D 线同步下行，那么 D 线就会为 K 线提供一定的支撑力，最终使得 K 线再度上扬。这就说明股价只是进行了短暂的回调，或是小幅的震荡，后市依旧是上涨的。

如果在下跌过程中，股价震荡导致 KDJ 指标的 K 线反弹，但 D 线始终维持着下行走势的话，那么 D 线就会对 K 线产生一定的压制力，导致 K 线在反弹到 D 线附近后再次拐头向下。这意味着股价依旧是下跌的，只是产生了小幅的反弹而已。

投资者在实战过程中观察到这样的形态时，最好不要着急在 KDJ 指标中 K 线转向的位置进行买卖。待到 D 线对 K 线形成支撑或压制后，就可以继续持有（上涨行情中），或是在场外保持观望（下跌行情中）。

下面来看一个具体的案例。

实例分析

银之杰（300085）KDJ 指标中 D 线对 K 线的支撑与压制

图 2-12 为银之杰 2022 年 4 月到 7 月的 K 线图。

从图 2-12 中可以看到，银之杰正处于从下跌转向上涨的过程中。从 4 月初开始，股价在创出 13.16 元的阶段新高后便拐头向下，形成了快速的下跌走势。在股价下跌的过程中，KDJ 指标也从超买区内向下滑落，一路来到了 20 线以下，进入了超卖区。

4 月中旬，股价跌至 11.00 元价位线附近后得到了一定的支撑，形成了横盘走势。此时，KDJ 指标三条指标线的下行角度都有所变缓，J 线和 K 线紧接着迅速向上转向。

由于股价只是走平，并未产生幅度很大的反弹，因此，D 线依旧是向下运行的，K 线和 J 线拐头向上触及 D 线后，便受到了 D 线的压制再次向下滑落。这意味着股价依旧是处于下跌状态的，场外投资者此时不宜参与。

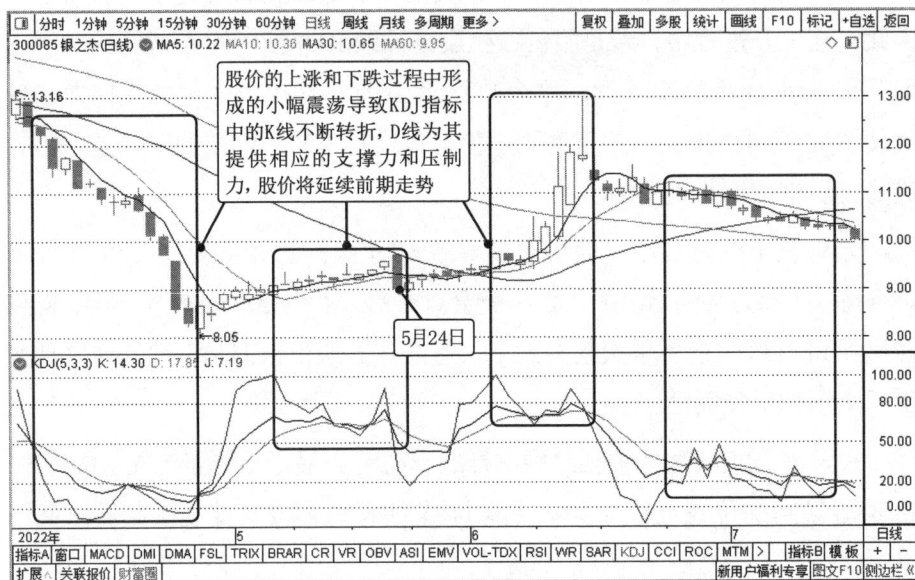

图 2-12　银之杰 2022 年 4 月到 7 月的 K 线图

继续来看后面的走势。到了 4 月底时，股价跌至 8.00 元价位线附近后得到了支撑，在创出 8.05 元的阶段新低后开始逐步回升，带动 KDJ 指标拐头向上，三条指标线同步上行，很快便来到了 50 线以上。

但伴随着股价上涨速度的变化，指标形成了一定程度的钝化，指标的 K 线开始震荡下滑，很快便小幅跌破了 D 线。

但 D 线还未表现出明显的下行走势，整体来看是走平的，对 K 线产生了支撑作用。这说明股价还未彻底下跌，只是在上涨过程中形成了小幅的回调，卖出信号并不强烈，投资者不用着急出局。

5 月中旬之后，股价就再次上涨，带动 KDJ 指标的 K 线回到了 D 线上方。就在股价再次收阳后不久，5 月 24 日，股价高开低走，收出了一根跌幅达到 5.96% 的大阴线，带动股价直接跌到了 9.00 元价位线附近。与此同时，KDJ 指标也迅速下行，来到了 50 线以下。

但很快，股价便在 9.00 元价位线附近得到了支撑，再次缓慢向上攀升。KDJ 指标拐头向上，又回到了相对高位，并伴随着股价的连续上涨又一次形成了钝化。

在指标钝化的过程中，D 线上扬角度变缓，但整体是向上攀升的。K 线则伴随着股价的震荡而不断产生转折波动，但低点几乎都在 D 线上得到了支撑，长时间在 D 线与 80 线之间的区域内窄幅波动。这就说明股价依旧是呈上涨状态的，投资者可以继续持有。

到了 6 月中旬，股价在急速上升接近 13.00 元价位线后，在此价位线附近受到压制，冲高回落后拐头形成了下跌。KDJ 指标也迅速在高位形成了一个死亡交叉，向下滑落直接跌破了 50 线，来到了相对低位，形成的卖出信号非常强烈。

在后续的下跌过程中，D 线持续下滑，但随着股价的小幅反弹，K 线形成了多次的上穿，但都没有彻底突破 D 线。这说明 D 线的压制力还是非常强的，股价短时间内没有大幅反弹的迹象。因此，还未出局的投资者此时也应该及时卖出止损了。

2.2.3　D 线在 80 线附近拐头向下

当 D 线上扬接近 80 线，并在其下方或是小幅越过 80 线后拐头向下时，说明 K 线和 J 线大概率已经进入了超买区。

但 D 线并未随之彻底突破 80 线，反而产生了下跌的走势，这就意味着股价的这一波上涨可能持续时间并不长，或是上涨幅度并不大，整个指标只是小幅突破到了超买区。多方提供的上扬动力不足，才导致 D 线在还未进入超买区时就产生了下跌。

不过还有一种情况，即 D 线并未在靠近 80 线后就立刻向下运行，而是在运行到 80 线附近后,在其下方不断震荡,直到某一时刻股价彻底下跌,D 线才跟随股价向下运行,导致 KDJ 指标跌落到超买区以下。

这种情况很有可能就是指标的钝化了,在相对高位形成的指标钝化,意味着在钝化的过程中,股价还是保持着上涨状态,只是上涨的速度可能比较慢。

对于投资者来说,如果 D 线在上扬靠近 80 线后就立刻拐头向下,就要在指标线下跌的位置及时出局。如果指标产生钝化,就可以先保持观望,待到某一时刻指标形成死亡交叉后,股价确认下跌,再卖出也可以。

下面来看一个具体的案例。

实例分析

长信科技(300088)KDJ 指标中 D 线在 80 线附近拐头向下

图 2-13 为长信科技 2019 年 11 月到 2020 年 3 月的 K 线图。

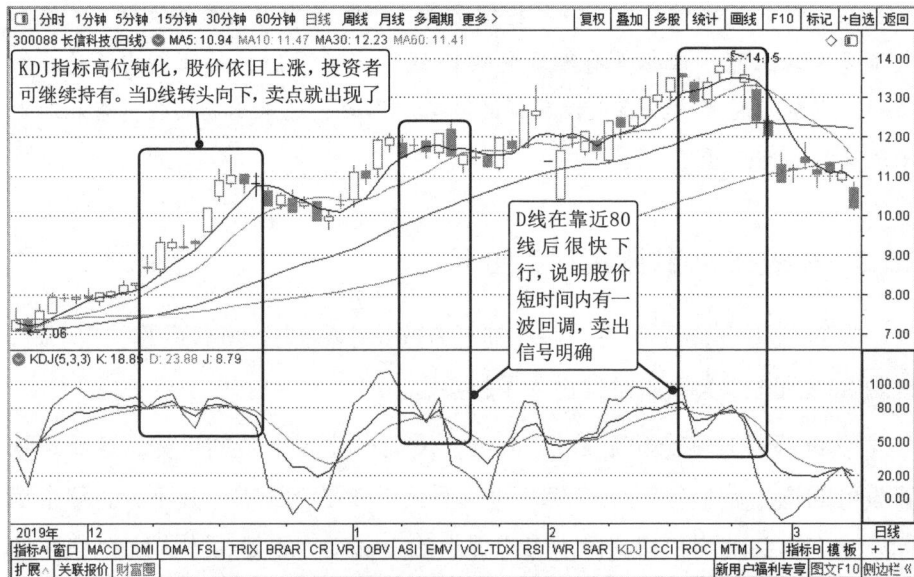

图 2-13　长信科技 2019 年 11 月到 2020 年 3 月的 K 线图

从图 2-13 中可以看到,长信科技正处于上涨过程中。从 2019 年 11 月底起，股价从 7.00 元的低位附近开始向上攀升。KDJ 指标从 50 线以下向上运行，逐渐来到了 80 线附近。

在指标上扬接近 80 线后，股价的上涨出现了一定程度的震荡，导致 KDJ 指标在 80 线附近形成了钝化。

在指标钝化的过程中，K 线和 J 线大部分时间都位于 80 线以上，但 D 线仅仅小幅越过了 80 线，随后几乎是沿着 80 线横向运行。这样的走势说明股价目前依旧保持着上涨状态，场内的投资者可以继续持有。

12 月中旬，股价在小幅越过 11.00 元价位线后，形成了冲高回落的走势，随后便开始回调下跌。

股价触顶回落的同时，D 线也在 80 线附近形成了快速拐头向下运行的走势。在经过钝化后形成这样的形态，意味着股价的上涨走势暂缓，后续即将迎来一波下跌，投资者此时可以迅速卖出持股，保住收益。

12 月底，股价跌至 10.00 元价位线附近后得到了支撑，再次向上攀升。KDJ 指标也在跌破 50 线后拐头向上，形成黄金交叉后逐步上升，再次来到了 80 线附近。

此次股价上涨的幅度并不大，数日后就在 12.00 元价位线附近受到了压制开始横盘。因此，KDJ 指标在运行到 80 线附近后，只有 J 线向上穿过了 80 线，K 线和 D 线都未能向上成功突破 80 线。

随着股价的横盘，D 线在 80 线附近运行了一段时间后，又一次拐头向下。这意味着股价又一次成了回调下跌，卖出信号再次出现。

在后续的走势中，伴随着股价震荡幅度的加大，D 线开始在 50 线附近上下波动。2020 年 2 月初，股价在一次快速下探的过程中跌破了 30 日均线，但很快便在其附近得到支撑，触底回升后迅速向上运行。

KDJ 指标在其带动下，很快向上离开了 50 线，又一次靠近了 80 线。由于此次股价的涨势比前期略快，KDJ 指标中的 K 线和 J 线都成功向上越过了 80 线，但 D 线依旧在靠近 80 线附近后就难以再继续上扬，而是在其附近震荡了一段时间后拐头向下。

此时的股价也在连续上涨后小幅越过了 14.00 元，并创出了 14.15 元的新高。但在其后的交易日中，股价出现了快速的下跌，迅速跌破了 30 日均线和 60 日均线，结合 D 线在 80 线附近拐头向下的形态，后市的下跌走势比较确定，还未离场的投资者要抓紧时间了。

2.2.4 D 线在 20 线附近拐头向上

当 D 线向下靠近 20 线时，就意味着 KDJ 指标正在朝着超卖区运行，市场中的空方占据了绝对优势，股价正在不断向下跌落。

但如果 D 线仅仅只是靠近 20 线，并未彻底向下跌破，反而在后续形成了拐头上涨的迹象时，就意味着场内多方开始发力，买盘逐步压过卖盘，股价可能将迎来一波上涨，D 线拐头向上的位置就是一个不错的买点。

不过，D 线在 20 线附近拐头向上的形态也有可能出现在 KDJ 指标钝化之后。指标在低位的钝化，意味着股价还在持续下跌，那么此时投资者就不能急于建仓，而是要等到 D 线彻底向上离开低位运行区域时再买进，会比较稳妥。

下面来看一个具体的案例。

实例分析

振芯科技（300101）KDJ 指标中 D 线在 20 线附近拐头向上

图 2-14 为振芯科技 2020 年 3 月到 7 月的 K 线图。

从图 2-14 中可以看到，振芯科技正处于上涨走势之中。在 3 月中上旬，股价还在 11.00 元到 12.00 元进行横向波动，直到 3 月中旬后，股价才大幅收阴进入下跌之中。同时，KDJ 指标也从 50 线附近转向下方，逐步靠近了 20 线。

在股价下跌的后期，指标形成了并不严重的钝化。J 线和 K 线连续下探，运行到 20 线以下，但 D 线仍然在 20 线上方横向波动。这说明场内多方依旧在发力，买盘与卖盘在进行抗争。

3 月底，股价创出 9.18 元的阶段新低后横盘了数日，随后便开始收阳快速上涨。与此同时，KDJ 指标迅速向上形成了一个黄金交叉，D 线也拐头进入了上涨之中，三条指标线同步上扬，迅速靠近了 80 线。

这是股价积极上涨的象征，这一点从股价不断向上攀升的走势也可以看出，D 线拐头向上的位置就是一个很好的买点。

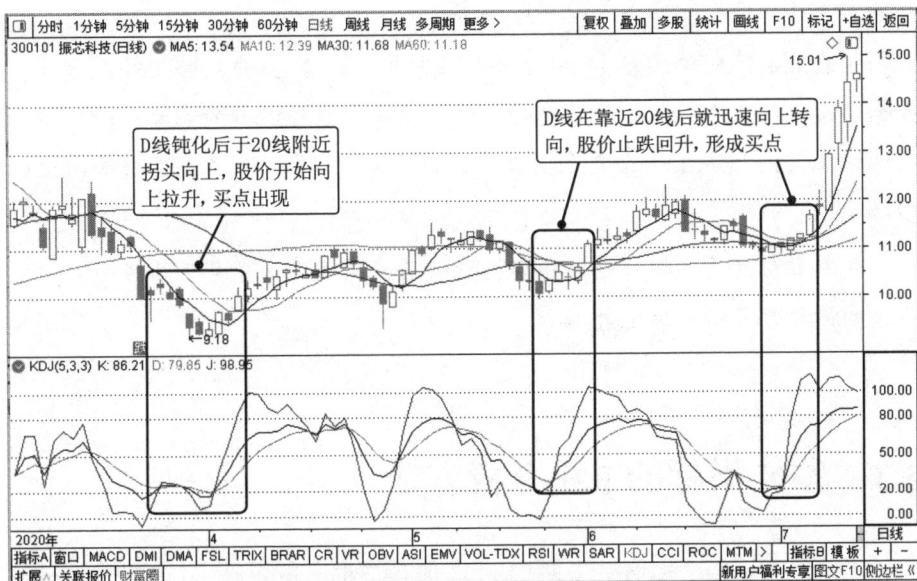

图 2-14　振芯科技 2020 年 3 月到 7 月的 K 线图

继续来看后面的走势。在股价回升后便形成了波浪形的上涨。不断的涨跌变化，导致 KDJ 指标在正常运行范围内同步形成了波浪形的走势。

观察股价的低点和 D 线的低点可以发现，在股价震荡的过程中，其低点是在不断向上移动的。但指标中的 D 线低点却在向下移动，甚至在 5 月下旬时向下靠近了 20 线，形成背离。

股价与 D 线之间产生的背离，说明尽管场内空方在不断加大抛压，但多方的推动力依旧非常强劲，使得股价不但没有跌破前期低点，反而在不断向上攀升。

因此，在 5 月底 D 线向下靠近 20 线，并在股价的再次拉升带动下快速拐头向上时，买入信号就会变得非常强烈，股价后市的快速拉升也证实了这一点。

6 月中上旬，股价上涨至 12.00 元价位线附近后受到了压制，横盘数日后又一次形成了回调。KDJ 指标跟随下行，很快在 6 月底靠近了 20 线，并且 K 线和 J 线都已经进入了超卖区以内。

但在此时，股价跌至 11.00 元价位线附近后，在 60 日均线上受到支撑，开始快速收阳上涨，涨速越来越快。受到这一波急速拉升的影响，KDJ 指标立刻向上转向形成了一个黄金交叉，D 线也在 20 线附近形成了拐头向上的形态。

这些积极的看多迹象连续出现，意味着此次的买入信号更为强烈，还在观望的投资者可以大胆建仓。

2.3　KDJ 指标的 J 线分析方法

J 值是由三倍的 K 值减去两倍的 D 值计算而来的，在 KDJ 指标的三条线中，J 线属于最敏感的一条线，也是唯一一条波动范围可以超过 0 ~ 100 区间的指标线。

正是由于其波动范围的扩大及敏感度的提高，J 线会非常频繁地产生转折和震荡。这些单独的转折形成的买卖信号对于投资者，尤其是中线投资者来说基本不太实用。但如果将时间拉长，观察 J 线的整体波动情况时，投资者将会有不同的收获。

2.3.1　J 线多次进入 0 线以下

　　J 线多次进入 0 线以下指的是在某一段时间内，KDJ 指标不断向下靠近超卖区，敏感的 J 线接连下探，多次跌破 0 线并运行到其下方，如图 2-15 所示。

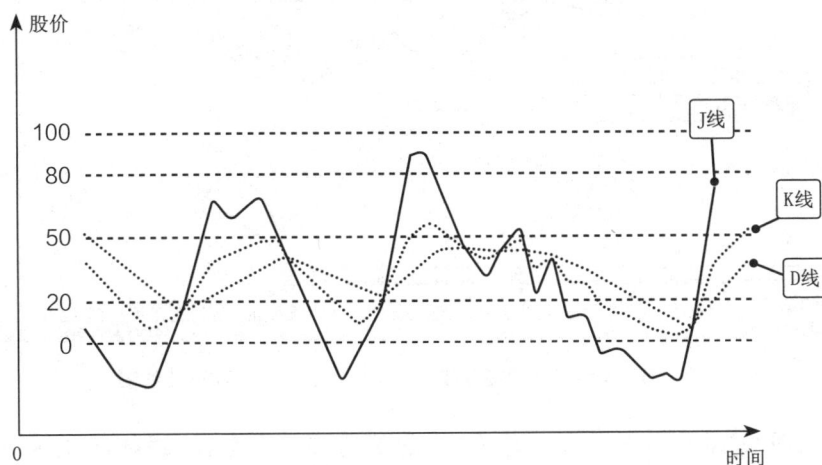

图 2-15　KDJ 指标中 J 线多次进入 0 线以下

　　一般来说，J 线多次下探进入 0 线以下，股价大概率处于持续的下跌状态中。在 J 线没有彻底上移回到 0 线甚至 20 线以上时，股价的跌势可能还会持续一段时间。在此期间，投资者最好不要介入。

　　不过，一旦 J 线低点有上移回到 0 线或是 20 线以上时，将会传递出股价触底回升的信号，行情后续可能会出现一波上涨。此时，投资者就可以试探性地买进了。

　　下面来看一个具体的案例。

实例分析

龙源技术（300105）KDJ 指标中 J 线多次进入 0 线以下

　　图 2-16 为龙源技术 2020 年 11 月到 2021 年 3 月的 K 线图。

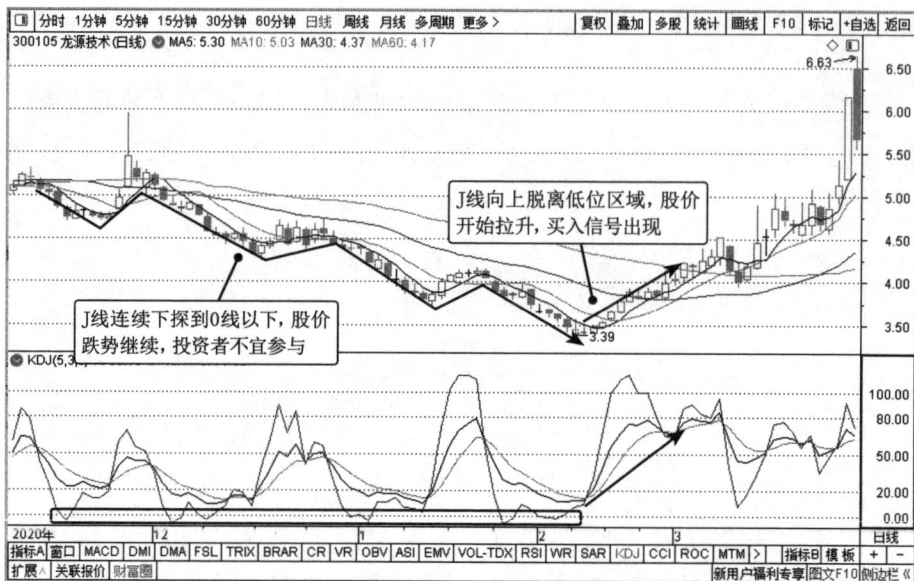

图 2-16　龙源技术 2020 年 11 月到 2021 年 3 月的 K 线图

从图 2-16 中可以看到，龙源技术正处于下跌趋势向上转向的过程中。从 2020 年 11 月开始，股价从 5.00 元价位线上方滑落，一直跌到 4.75 元价位线附近得到支撑后进入短暂横盘。在股价下跌的过程中，KDJ 指标中的 J 线就已经下探到了 0 线以下，说明场内抛压非常重。

11 月下旬，股价在 4.75 元价位线附近得到支撑短暂横盘后回升，但在小幅越过 5.50 元价位线后，便受到了卖盘的压制而冲高回落，再次进入下跌轨道之中。

12 月初，当股价还在持续下行的时候，KDJ 指标的 J 线就已经向下再次越过了 0 线，并在其附近小幅震荡了一段时间，随后便随着股价横盘及小幅反弹的走势而回到了正常运行范围内。

12 月底，股价反弹到 30 日均线附近后又一次受到压制而快速下跌。KDJ 指标跟随下行，J 线于 2020 年 12 月底到 2021 年 1 月初又一次来到了 0 线以下。

继续来看后面的走势。2021 年 1 月中旬，股价再次产生反弹，但此次反弹依旧在 30 日均线处受到压制，数日后，股价就又一次回到了下跌轨道之中。

与此同时，KDJ 指标快速下行，J 线于 1 月底跌破 0 线，再次运行到其下方。

在 3 个月左右的时间内，J 线反复跌破 0 线，长时间在低位徘徊，说明股价在这段时间内走势非常低迷，尽管出现了几次反弹，但幅度都很小。在此期间，投资者最好不要买进。

2 月上旬，股价创出 3.39 元的新低后迅速收阳，连续上涨。此次股价的上涨明显不同以往，价格很快便突破了 30 日均线和 60 日均线，形成了快速的拉升。

在股价上扬的同时，KDJ 指标迅速向上攀升，J 线形成的又一个低点终于来到了 80 线附近，相较于前期低点来说有了极大的抬高，传递出了明显的买入信号。

从后续的走势来看，股价在 3 月初形成了一次回调，KDJ 指标快速向下运行，但 J 线没有跌破 0 线。这意味着股价此次回调幅度很小，可能仅仅是对 60 日均线支撑力度的一个试探，随后便回到了上涨轨道之中。

在股价继续上涨后，KDJ 指标也长时间维持在 50 线到 80 线的区间内窄幅波动，J 线也没有再跌破 0 线。这就意味着短时间内股价涨势明确，投资者可以大胆买进。

2.3.2　J 线多次到达 100 线以上

J 线多次到达 100 线以上指的是在某一段时间内，KDJ 指标受到股价的不断推动，向上靠近超买区，波动幅度最大的 J 线迅速上穿，多次突破 100 线并运行到其上方，如图 2-17 所示。

在这样的情况下，KDJ 指标整体位置都比较偏上，在指标长时间处于相对高位的运行状态下，股价也大概率呈现出上涨走势。只要这样的状态不被破坏，股价的涨势就可以确定。

不过，一旦 J 线多次向下离开相对高位，或长时间运行到正常波动范围内，就意味着股价可能转向下跌或是进入了一段时间的回调，投资者可根据当前行情的位置及自身的策略决定是否卖出。

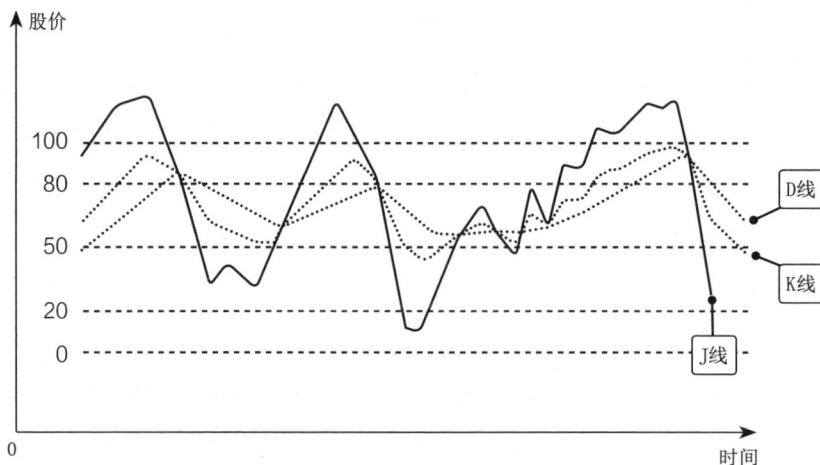

图 2-17 KDJ 指标中 J 线多次运行到 100 线以上

下面来看一个具体的案例。

实例分析

通策医疗（600763）KDJ 指标中 J 线多次到达 100 线以上

图 2-18 为通策医疗 2020 年 9 月到 2021 年 3 月的 K 线图。

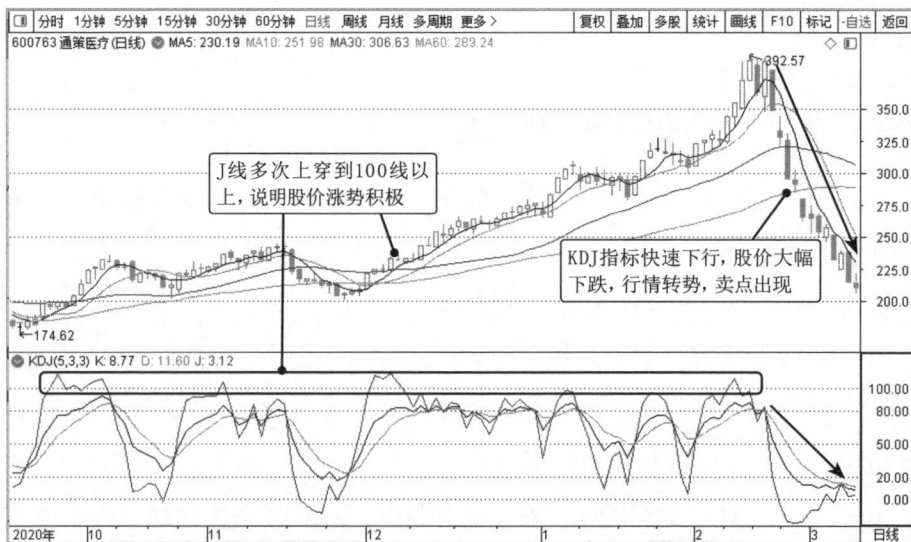

图 2-18 通策医疗 2020 年 9 月到 2021 年 3 月的 K 线图

从图 2-18 中可以看到，通策医疗正处于上涨过程中。从 2020 年 9 月中旬开始，股价在创出 174.62 元的阶段新低后，就开始不断向上攀升，带动 KDJ 指标向上运行到了超买区以内，最为敏感的 J 线很快便超越了 100 线。

10 月初，股价在 225.00 元价位线附近受到了压制，随后转头进入下跌之中，KDJ 指标也在超买区域内拐头向下，形成死亡交叉后运行到了正常范围内。

不过，此次股价的回调并未持续太长时间，10 月下旬，股价就在 30 日均线上受到了支撑，再次向上运行。KDJ 指标拐头向上，来到了靠近 80 线的位置，J 线又一次上冲到了 100 线以上。

但伴随着股价上涨速度的变缓，指标形成了钝化，J 线又向下回到了80 线附近，开始在相对高位进行震荡，高点远离了 100 线。

11 月中旬，股价再次收阴下跌，直接跌穿了 30 日均线和 60 日均线，并带动 KDJ 指标迅速向下运行，J 线低点甚至越过了 0 线来到了超卖区以外。这说明股价此次的下跌幅度比较大，提前感知到的投资者可以先行卖出。

11 月底，股价在 200.00 元价位线附近得到支撑后迅速收阳上涨，接连越过了 60 日均线和 30 日均线，再次在上方站稳，并持续向上运行。KDJ 指标跟随向上，很快回到了超买区以内，J 线又突破了 100 线，并运行到其上方，不过数日后就拐头回到了 80 线附近，形成了钝化。

股价的这一波拉升持续的时间比较长，指标钝化的时间也比较久，但这一次产生钝化的位置比上一次要高，说明股价这一次的上涨速度和幅度都会更快、更大。尽管 J 线在钝化过程中没有再突破 100 线，但整体看来，股价上涨的走势还是比较积极的，投资者可保持持有。

继续来看后面的走势。进入 2021 年 1 月，股价上下震荡的幅度明显要比之前大，KDJ 指标也脱离了钝化区域，开始进行反复的上下波动。J 线在震荡过程中非常靠近 100 线，但始终未能突破 100 线，说明股价上升的速度有所减缓，不过整体还是向上的。

2 月初时，股价再次大幅收阳上涨，此次上涨的速度明显加快，带动 KDJ 指标迅速向上，J 线终于突破到了 100 线以上，并在很长时间内在超买区内运行。这意味着股价这一波拉升幅度确实比较大，投资者持股待涨，能够赚取不错的收益。

不过在 2 月中旬，股价在创出 392.57 元的新高后，很快便拐头进入了快速的下跌之中。KDJ 指标迅速从 80 线附近拐头向下，三条指标线同步下行，并且下行的角度非常陡峭。结合股价不断下跌跌破 30 日均线乃至 60 日均线的走势，意味着股价后市可能会进入一波大幅度的下跌之中，投资者最好及时卖出，保住收益。

2.4　KDJ 指标钝化后如何挽救

通过对前面内容的学习及案例的分析，相信投资者对 KDJ 指标的钝化已经有了相对深入的认知，但对如何解决或是缓解指标钝化的方法可能还不太了解。

除了将 KDJ 指标的时间周期拉长、利用 KDJ 指标的顶部或底部形态以外，指标的钝化还可以通过结合其他技术指标的方式来挽救，这样的方式操作起来更为简便，准确度也会高一些。

2.4.1　指标钝化时利用趋势线买卖

首先来介绍一下趋势线的概念。趋势线是当行情向着某一方向稳定发展时才会出现的，也就是说在震荡行情中，趋势线没有什么参考价值，也很难绘制出来。

在上涨行情和下跌行情之中都存在趋势线，以上涨行情为例，当股价不断上扬时，会形成稳定向上移动的低点，将这些低点逐一连接，就会形成一条倾斜向上的斜线。

不过，趋势线至少需要三个点才能绘制，这样才能确定其可靠性和稳定性，如图 2-19 所示。

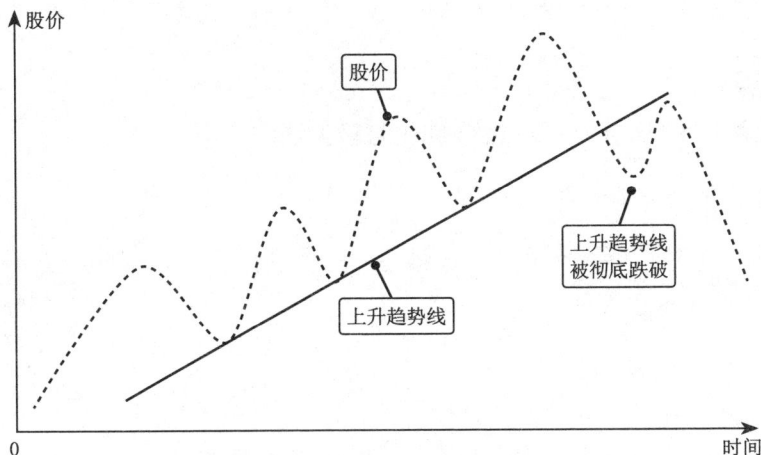

图 2-19　上升趋势线的绘制及被跌破的情况

如果行情趋势比较稳定，那么后市形成的低点大概率都会踩在这条上升趋势线上。这不仅为投资者提供了预判股价回调点低位的依据，还能够帮助投资者判断出可靠的买点。

而当上升趋势线被跌破时（注意是彻底被跌破），就意味着趋势可能发生了转变，股价即将进入下跌或是大幅回调，这就是一个明确的卖点。

在下跌行情中亦是如此，将股价反弹的高点相连，就可以绘制出一条下降趋势线。当这条下降趋势线被有效突破时，行情就可能会转向上涨，进而形成一个买点。

那么，KDJ 指标的钝化如何与趋势线进行结合呢？

很简单，当股价在稳定向上或是向下运行时，KDJ 指标有可能会在某些位置形成钝化。在指标钝化时，可能无法为投资者提供明确的买卖信号，但趋势线就可以，投资者可以通过股价在趋势线上的回踩或是反弹位置，来确定何时进行买卖，以及行情是否转向。

尤其当行情发生转变时，KDJ 指标与趋势线会共同发出强烈的买卖信号。在双重信号的结合预警下，投资者就能够更为准确地把握住行情转向的位置，进而扩大自己的收益，或相应降低自己的损失。

下面来看一个具体的案例。

实例分析

招商积余（001914）KDJ 指标钝化时趋势线的作用

图 2-20 为招商积余 2019 年 1 月到 8 月的 K 线图。

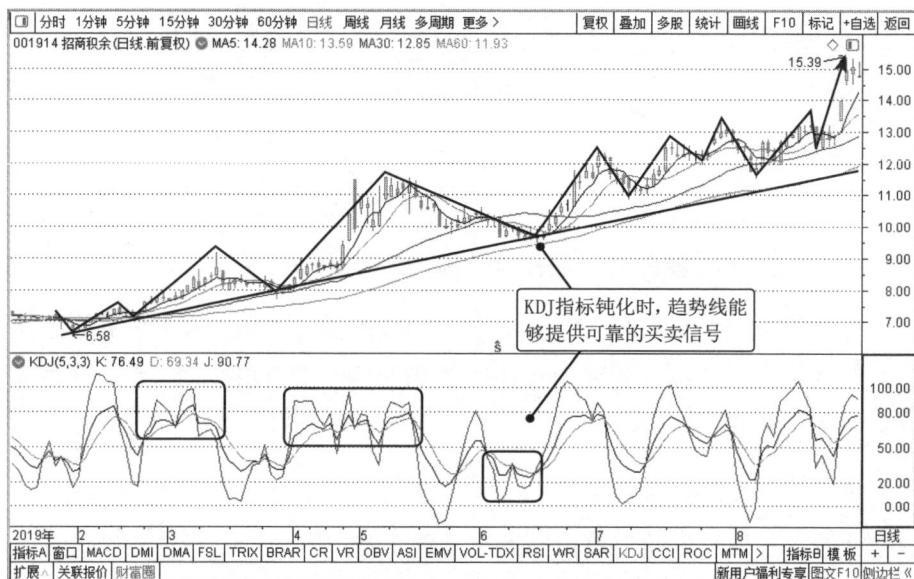

图 2-20　招商积余 2019 年 1 月到 8 月的 K 线图

从图 2-20 中可以看到，招商积余正处于上涨行情之中。在 1 月期间，股价还在 7.00 元价位线附近横向震荡，1 月底，股价下探并创出 6.58 元的阶段新低后，开始向上攀升。原本在 50 线以下震荡的 KDJ 指标也跟随上行，很快便运行到了超买区以内。

2 月中旬，股价出现了一次小幅的回调，但在 30 日均线和 60 日均线上受到了支撑，随后便再次上升。KDJ 指标也跟随形成了一次震荡，不过很快随着股价的上升而回到了 80 线附近，并在此位置形成了一定程度的钝化，不过并不严重。

3 月中旬，股价在小幅越过 9.00 元价位线后冲高回落，又形成了一次回调，最终于 3 月底跌至 30 日均线附近得到支撑。

至此，股价从 6.58 元的阶段低位回升到目前位置的过程中，已经形成了三个比较明显的低点，将这三个低点连接起来，就能形成一条斜线向上的上升趋势线。这三个点几乎都在这条趋势线上得到了支撑，确认了趋势线的可靠性。

因此，后市股价的回调基本都会在这条趋势线附近或以上的位置得到支撑。如果 KDJ 指标出现钝化或是频繁发出买卖信号，无法为投资者提供可靠的买卖依据时，投资者就可以根据股价与趋势线之间的位置关系来判断是否买卖。

继续来看后面的走势。在 4 月初时，股价再次开始上升，在 9.00 元价位线附近受到阻碍，横盘数日后，最终还是于 4 月中旬向上突破了横盘。由于股价在上升过程中的速度减缓，震荡变多，KDJ 指标开始在 80 线下方形成钝化。

观察 K 线图可以发现，股价在 11.00 元价位线附近受到压制形成了一段时间的横盘，并于 5 月中旬开始拐头向下，进入回调之中，并逐步靠近趋势线。此时，KDJ 指标也结束了钝化，拐头向下进入下跌之中，形成了一个短期的卖出信号。

6 月中旬，股价向下逐步靠近趋势线，最终成功在趋势线附近得到支撑，开始横盘。而在股价向下滑落的过程中，KDJ 指标又在 20 线上方形成了并不严重的钝化。

不久后，随着股价在趋势线上得到支撑，并形成了上扬，KDJ 指标也跟随向上形成一个黄金交叉后不断向上攀升，与趋势线结合，发出了双重的买入信号。

从后面的走势可以看到，股价在回升后继续震荡上涨，整体呈波浪形向上移动。KDJ 指标受到影响，开始形成频繁地上下震荡，尽管没有产生明显的钝化，但买卖信号形成得非常密集，对于中线投资者来说不太友好。

因此，投资者就可以借助趋势线来判断。从股价与趋势线之间的位置关系来看，在这一段震荡过程中，股价都没有踩到趋势线，反而是在离趋势线还有一定距离的地方就止跌回升。

这说明股价上涨的积极性还是很高的，只要股价没有跌破趋势线的迹象，那么中线投资者就可以略过 KDJ 指标频繁发出的买卖信号，一直保持持有。短线投资者则可以结合趋势线与 KDJ 指标的买卖信号，进行分段操作。

2.4.2 指标钝化时均线的作用

均线的作用与趋势线类似，都是用于判断股价在某一段时间内的变动情况。但均线相对于趋势线来说更为灵活，可变通性更强，并且均线组合形成的交叉形态及位置关系等，还能够提供丰富的买卖信号。当 KDJ 指标产生钝化时，均线往往会产生很好的表现。

举一个简单的例子，当 KDJ 指标产生钝化时，股价大概率在向上或向下运行。若行情正在向上，此时均线可能会表现出中长期均线承托在下，短期均线跟随股价位于上方，并同步向上攀升的排列方式，这被称为均线的多头排列，如图 2-21 所示。

只要均线的多头排列一直持续下去，股价的涨势就会非常乐观，无论 KDJ 指标发出的买卖信号多么频繁，投资者都可以继续持有。

不过，如果多头排列形态被破坏，短期均线产生了交叉，投资者也不必担心。

只要短期均线和股价回调到中长期均线上受到支撑后再次上扬，就意味着股价依旧处于上升状态，短暂的回调只是多方的一次整理。投资者依旧可以继续持有，甚至可以在回调的低位补仓。

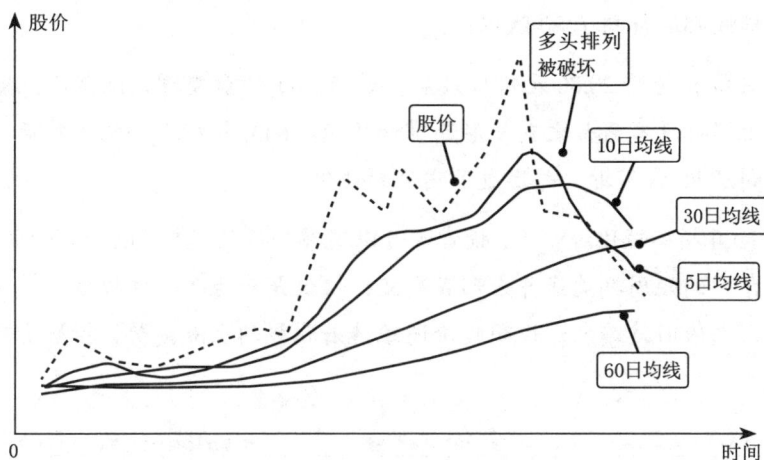

图 2-21 均线的多头排列

在下跌行情中亦是如此，均线可能会形成空头排列形态，也就是中长期均线在上，短期均线和股价在下的排列。只要短期均线和股价没有交叉向上突破中长期均线的压制，那么投资者就不要轻易参与。

下面来看一个具体的案例。

实例分析

航天彩虹（002389）KDJ 指标钝化时均线的作用

图 2-22 为航天彩虹 2020 年 6 月到 9 月的 K 线图。

从图 2-22 中可以看到，航天彩虹正处于上涨阶段向下转势的过程中。在 6 月期间，股价还在 12.00 元到 14.00 元进行窄幅波动。6 月中旬，股价创出 12.13 元的阶段新低后开始缓慢向上攀升，KDJ 指标在其带动下逐渐向上运行，靠近了超买区。

7 月初，股价在上涨接近 14.00 元价位线后受到了一定的阻碍，横盘了数日，但最终还是迅速向上高开并连续收阳上涨。在突破了 14.00 元价位线后，股价急速拉升至 20.00 元价位线附近。

均线指标在其带动下迅速向上发散，并形成了短期均线在上，中长均线在下的多头排列。与此同时，KDJ 指标也受到影响迅速来到了超买区以内，三条指标线都运行到了 80 线以上。

但股价在越过 20.00 元价位线后，就进入了横盘整理，涨势骤然减缓，后续的上涨也没有再如之前一般连贯和快速。KDJ 指标在小幅下跌后，最终还是回到了 80 线附近，并形成了明显的钝化。

在 KDJ 指标钝化过程中，投资者可以观察均线的变化。随着股价的震荡，均线组合中的短周期均线并未形成交叉，仅仅是产生了一定幅度的震荡，多头排列形态依旧持续。这说明股价还维持着积极的上涨走势，投资者可以继续持有。

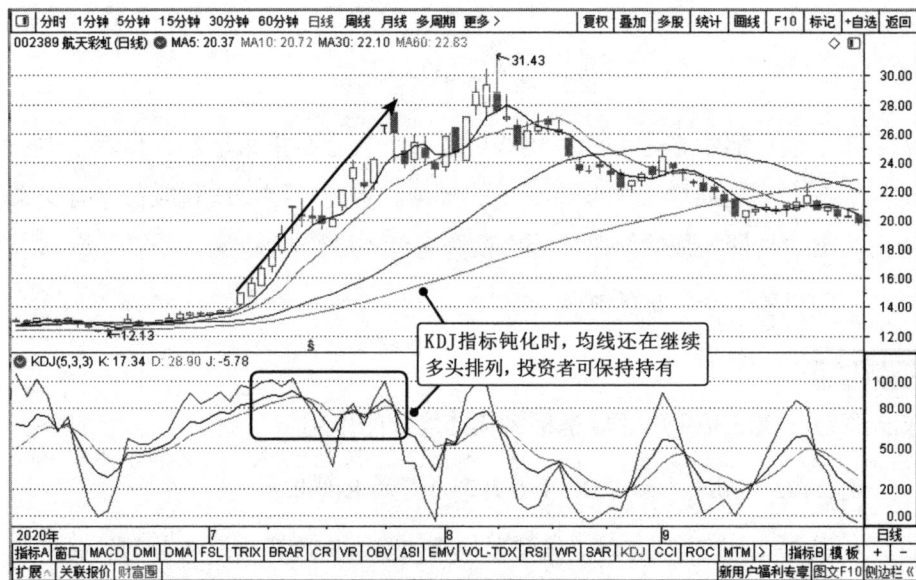

图 2-22　航天彩虹 2020 年 6 月到 9 月的 K 线图

继续来看后面的走势。7 月底，股价上冲到 28.00 元价位线附近后受到压制，快速回落到 24.00 元价位线附近横盘。与此同时，KDJ 指标也快速脱离钝化区域，形成死亡交叉，并向下运行。

但此时观察均线指标可以看到，5 日均线在跟随股价向下运行后，只是与 10 日均线产生了小幅的交叉，并未彻底跌破 10 日均线。因此，KDJ 指标此处发出的卖出信号并不强烈。如果投资者已经在阶段高位卖出了，那么在发现 5 日均线并未彻底跌破 10 日均线时，就可以再次买进。

在后续的走势中，随着股价的再次上扬，5 日均线与 10 日均线再次分开，又一次形成了多头排列，在股价回调低位入场或是补仓的投资者，还可以赚取一部分上涨收益。

8 月初，股价上冲到 30.00 元价位线上方，并创出 31.43 元的新高，但随后就拐头进入了下跌行情。此次股价的跌势明显比较凶猛，股价接连跌破了 5 日均线及 10 日均线，并逐渐向 30 日均线靠近，均线组合的多头排列彻底被打破。

与此同时，KDJ 指标也形成了一个死亡交叉，并接连向下运行。结合均线被跌破的状态，投资者可以判定股价后续可能会进入一波下跌之中，此时就要及时卖出，尽早止损了。

2.4.3　指标钝化时布林指标可以辅助

布林指标也是趋势性指标的一种，它对于解决 KDJ 指标的钝化具有非常好的效果，主要体现在布林通道对股价的限制，以及股价与中轨线之间的位置关系两方面。

布林指标由上轨线、中轨线和下轨线三条线组合而成，这三条线覆盖在股价上时会形成一个通道，也就是布林通道，股价大部分时间都会被限制在这个通道内运行。

也就是说，布林通道中的下轨线对股价起到的是支撑作用，上轨线对股价起到压制作用，而中轨线的作用则是判断股价当前多空趋势的强弱程度。

当股价运行在布林中轨线以上时，就意味着多方更为强盛，股价可能处于上涨过程中；反之，股价运行到中轨线以下，就意味着场内空方占优，股价可能正在下跌。

当 KDJ 指标钝化时，布林通道的三条线就能为投资者指出股价当前的状态，以及未来可能的发展趋势。若股价产生明显的向上或向下的转折变动时，KDJ 指标脱离钝化区，将与布林指标共同发出买卖信号，投资者就能借助双重信号进行操作，提高自己的成功率。

下面来看一个具体的案例。

实例分析

祥源文化（600576）KDJ 指标钝化时布林指标的作用

图 2-23 为祥源文化（2022 年 11 月 30 日更名为"祥源文旅"）2021 年 2 月到 8 月的 K 线图。

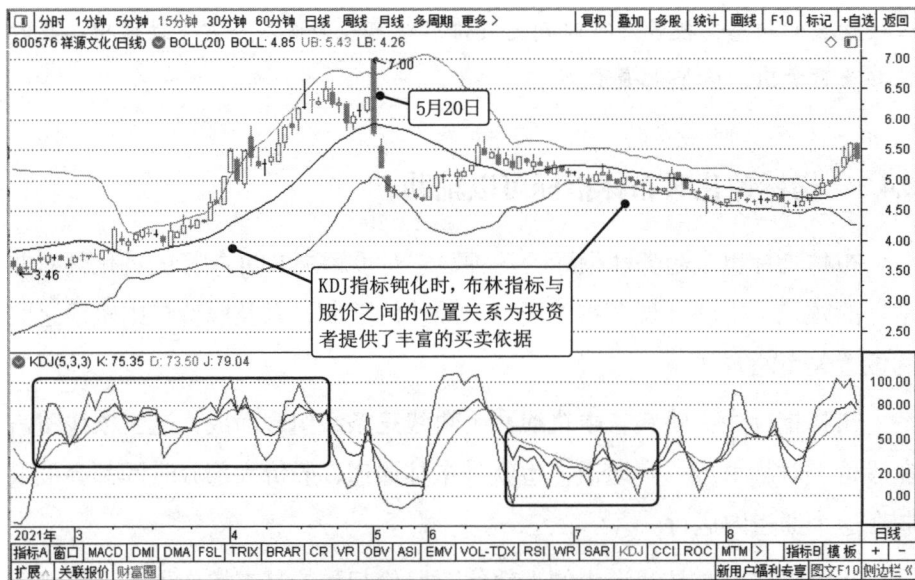

图 2-23　祥源文化 2021 年 2 月到 8 月的 K 线图

从图 2-23 中可以看到，祥源文化正处于上涨趋势向下转向的过程中。从 2 月开始，股价在 3.50 元价位线上得到支撑后便开始向上运行。

从布林指标可以看出，股价此时正位于中轨线以下，但随着价格持续向上攀升，股价很快于 3 月初来到了中轨线以上。与此同时，KDJ 指标也从低位开始向上回升，很快便来到了 80 线附近，伴随着股价的不断上涨，KDJ

指标在 80 线附近形成了钝化。

在 KDJ 指标形成钝化后，投资者可以不理会该指标发出的买卖信号，进而观察布林指标的状态。

股价运行到布林中轨线以上后，便受到了上轨线的压制，上涨速度有所减缓。但由于市场中多方的热情非常高，股价还是在不断上扬，最终于 3 月底成功上穿了上轨线。这意味着股价上涨的积极性非常高，后续还存在上涨空间，投资者可以适当追涨或是继续持有。

4 月初，股价在连续冲破布林上轨线后受到一定压制，小幅回调到 5.00 元价位线附近，回到了布林通道内，但数日后，股价便再次开始上涨。在股价回调的低位，投资者就可以适当补仓。在此期间，KDJ 指标始终未能脱离钝化区域，说明股价的震荡幅度并不大。

这样的走势一直持续到了 4 月中旬，随后，股价在 6.50 元价位线附近受到压制后回调形成了下跌，向下靠近了布林中轨线，跌幅相较于前期来说比较大。

KDJ 指标终于脱离钝化区域，开始向下运行，发出了卖出信号。但从布林指标可以看出，股价在跌至布林中轨线附近后便受到了支撑，重新上涨，并未发出明显的卖出信号，此处的卖点不明显。

但是在进入 5 月后，该股突然停牌，直到 5 月 20 日才重新复牌交易。股价在复牌当日形成了一根大阴线，并在后续连续下跌，直接跌破了布林中轨线，甚至落到了下轨线以下，布林指标形成了明显的卖出信号。结合 KDJ 指标的死亡交叉，投资者此时就要迅速卖出，保住收益。

从后续的走势可以看到，股价在小幅跌破布林下轨线后横盘数日，又回到了布林通道内，随后形成了一波反弹，来到了布林中轨线以上。与此同时，KDJ 指标也在超卖区形成了一个黄金交叉，并接着上扬到了 80 线附近。

不过，观察股价可以发现，股价在反弹至 5.50 元价位线附近后又受到压制开始向下，再一次跌破了布林中轨线，前期入场的投资者只能又一次卖出。

随后，KDJ 指标一路下行到 20 线附近，并又一次形成了钝化。此次的钝化是形成于低位的钝化，这意味着股价正在持续下跌，这一点从布林指标的表现也可以看出。在此期间，投资者就不要轻易参与。

继续来看后面的走势。7月中旬，股价形成了一次反弹，小幅越过了布林中轨线，KDJ 指标脱离钝化区域开始向上攀升。但是从股价与布林指标之间的位置关系来看，它并没有彻底突破布林中轨线，而是在后续又一次下跌到了布林下轨线附近，随后持续横向震荡，KDJ 指标的买入信号不成立。

在股价下滑到横盘的这段时间内，KDJ 指标的波动幅度越来越大，说明股价可能即将迎来大幅度的变动。

8月中旬，股价在 4.50 元价位线附近迅速上涨，接连突破布林中轨线和上轨线，形成了一波大幅的反弹，KDJ 指标也形成了一个黄金交叉并向上运行，发出了双重的看多信号。

但由于股价正处于下跌状态中，此次反弹不知道会持续多长时间，短线投资者可谨慎参与，一旦股价有下跌的趋势，就要立即卖出，避免被套。

第3章

[KDJ指标的特殊形态解析]

对KDJ指标特殊形态的利用，也是投资者在学习如何将KDJ指标应用到实战中的关键一步。特殊形态主要包括KDJ指标线之间的交叉关系、在不同摆动区域的位置关系，以及与股价的顶背离和底背离3个方面。本章就将对这3个方面进行详细解析。

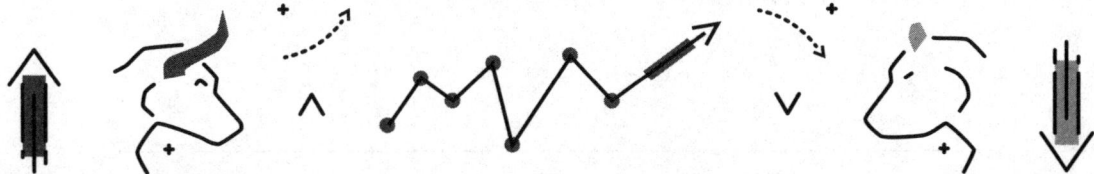

3.1 KDJ 指标的交叉形态解析

KDJ 指标的交叉形态主要集中在三条指标线之间，其中最具有参考价值的就是黄金交叉和死亡交叉。

这两个交叉形态在前面的章节中有过简单的介绍，但其更深入的用法还尚未发掘，比如低位金叉、二次金叉、高位死叉及二次死叉等，本节就将对这些交叉形态进行解析。

3.1.1 KDJ 指标的低位金叉

KDJ 指标的黄金交叉指的是 KDJ 指标的三条指标线自下而上互相上穿，形成一个方向向上的交叉形态。其交叉的高位与低位，主要由指标线所处的不同摆动区域决定。

其中，KDJ 指标的低位金叉是成功率比较高的一类。这里的低位指的是三条指标线都位于 20 线以下，在超卖区形成的一个向上的黄金交叉。

在这个位置形成的黄金交叉，意味着股价在前期可能出现了超跌现象，指标线在运行到低位时向上形成积极的交叉，说明多方开始发力反攻，后续可能会迎来一波上涨，越低的金叉，信号强度越高。

拓展知识 *KDJ 指标低位金叉不一定意味着股价上涨*

KDJ 指标在低位形成的黄金交叉，其实并不代表着后市一定会上涨，若 KDJ 指标在形成金叉后产生了低位钝化，那么后市的走势就不那么乐观了。

因此，谨慎的投资者最好在 KDJ 指标产生金叉后，表现出继续上扬的趋势时，再试探性地建仓，留给自己一定的容错率。要知道，任何技术分析都存在误差和失败的可能性，投资者应理性看待技术信号。

下面来看一个具体的案例。

实例分析

米奥会展（300795）KDJ 指标的低位金叉

图 3-1 为米奥会展 2022 年 3 月到 7 月的 K 线图。

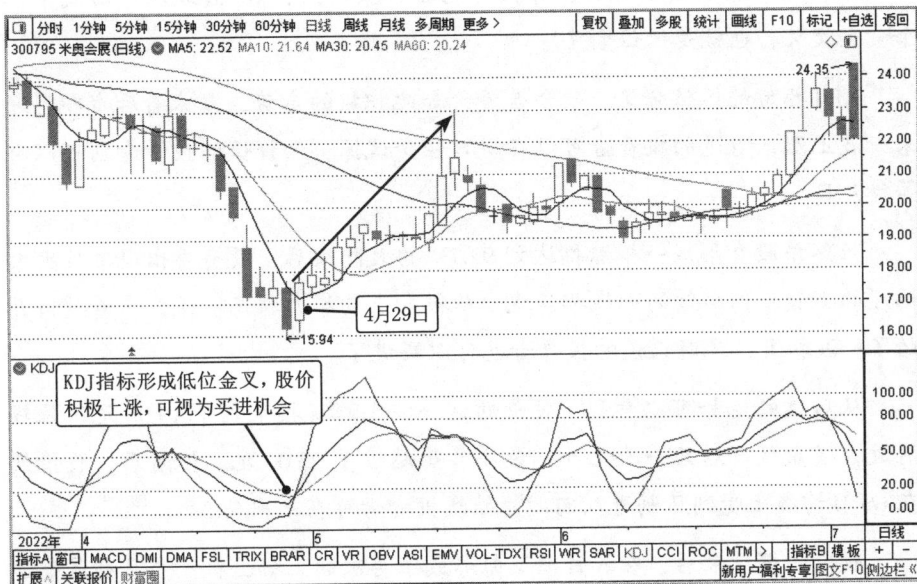

图 3-1　米奥会展 2022 年 3 月到 7 月的 K 线图

　　从图 3-1 中可以看到，米奥会展正处于下跌走势向上转折的过程中。在3 月期间，股价还在震荡中下跌，直至 3 月底，股价才在 21.00 元价位线附近得到支撑。

　　随后，股价便在 21.00 元到 23.00 元进行反复震荡，一直持续到 4 月中旬。同一时期，KDJ 指标也跟随股价形成了上下的波动。

　　4 月下旬，股价向下靠近 21.00 元的支撑线后连续收阴下跌，直接跌破该支撑线运行到下方。直到 4 月底时，股价才在 16.00 元价位线附近得到支撑，并创出 15.94 元的新低。

　　同时，KDJ 指标受到股价大幅下跌的影响，也迅速从 50 线附近下行到了 20 线以下，三条指标线都来到了超卖区。

就在股价创新低的次日，也就是 4 月 29 日，股价高开后迅速震荡高走，盘中最高涨幅达到了 10%。但在进入尾盘后，股价小幅回落，最终以 9.07% 的涨幅收出了一根大阳线。

就在股价收阳的当日，KDJ 指标迅速拐头向上，在 20 线以下形成了一个黄金交叉，也就是低位金叉。

KDJ 指标的低位金叉，配合着股价如此积极的走势，意味着后市即将迎来一波上涨，激进的投资者可以在当日轻仓试探，而谨慎的投资者则可以再等待几日。

虽然该股在形成一根涨幅达到 9.07% 的大阳线后，没有再出现单日更大幅度的上涨，但后续的阳线都呈现出积极向上的攀升状态。这意味着股价开始了一波拉升，此时谨慎的投资者也可以买进了。

从后续的走势可以看到，股价的这一波上涨直接来到了 19.00 元价位线附近，横盘数日后又一次上冲，最高甚至越过了 23.00 元。但随后，股价便在 60 日均线上受到压制进入回调，短线投资者可在此出局。

股价回调结束后，在 6 月中下旬形成了再次的上扬，截至 7 月初最高达到了 24.35 元，相较于前期 15.94 元的底部，涨幅近 53%。无论是短线投资者还是中线投资者，在低位金叉出现后买进，再伺机抛售，都能获得不错的收益。

3.1.2　突破压力线的二次金叉

二次金叉指的是在股价上涨过程中，KDJ 指标在前期已经形成了一个位置相对较低的金叉（不一定是低位金叉），随后股价经历了回调或是横盘整理后再次上扬，导致 KDJ 指标跟随回调后转折向上攀升，形成了又一个黄金交叉，这个交叉就是 KDJ 指标的二次金叉。

而突破压力线的二次金叉，是一种成功率更高的金叉。这里的压力线可以是前期 KDJ 指标的高点连线，也可以是指标跟随股价拐头向下的位置，还可以是 50 线或者 80 线这种关键分界线，具体位置视实际情况而定。

　　由于二次金叉与前一次金叉时间相近，并且位置更高，这就意味着股价在短时间内的上涨趋势是相对比较稳定的。在第一次金叉形成后保持谨慎，没有入场的投资者，在发现二次金叉成功突破压力线后，就可以大胆买进。

　　如果这样的上涨走势一直持续，那么 KDJ 指标很有可能在高位形成钝化。这说明股价将有非常大的上涨空间，投资者可以抓紧时间建仓，或是在合适的位置补仓。

　　下面来看一个具体的案例。

实例分析

仁智股份（002629）KDJ 指标突破压力线的二次金叉

　　图 3-2 为仁智股份 2021 年 11 月到 2022 年 1 月的 K 线图。

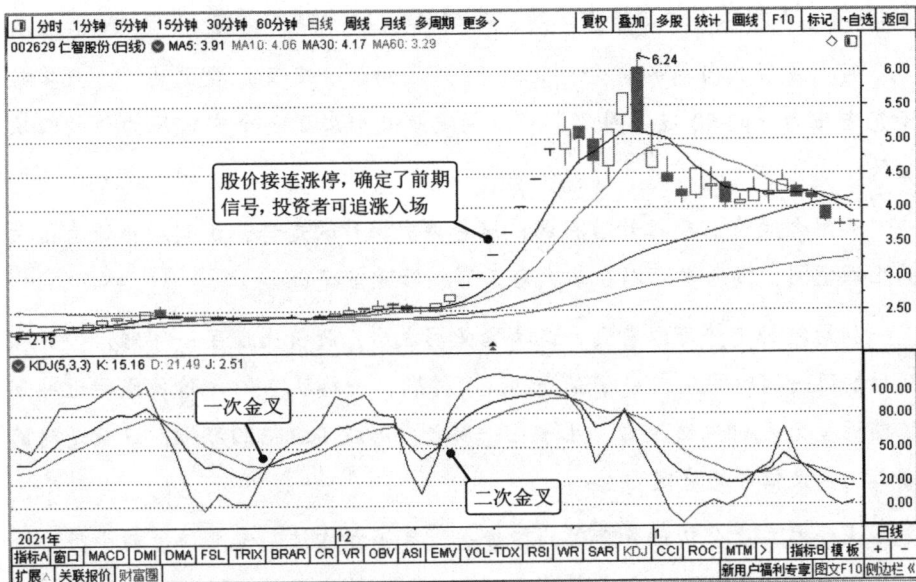

图 3-2　仁智股份 2021 年 11 月到 2022 年 1 月的 K 线图

从图 3-2 中可以看到，仁智股份正处于上涨行情之中。从 2021 年 11 月初开始，股价就进入了上涨，只是上涨速度比较缓慢。KDJ 指标从相对低位向上运行，很快便来到了 80 线以上。

但就在此时，股价在 2.50 元价位线附近受到了压制，小幅回落后开始横向震荡。KDJ 指标迅速从超买区滑落向下运行，一路来到了 20 线附近，J 线向下跌破了 20 线。

11 月底，股价小幅收阳上涨，向上接近 2.50 元，KDJ 指标受其影响迅速拐头向上，形成了一个相对低位的黄金交叉。在此之后，股价小幅震荡随后连续上扬，成功突破了 2.50 元价位线的压制。

12 月初，股价在突破该压力线后回踩确认，小幅回落到该价位线附近，KDJ 指标跟随拐头向下，回到了 50 线以下。

随后，股价在 2.50 元价位线附近得到支撑，确认了下方的推动力后，拐头开始上涨。与此同时，原本已经下行到 50 线以下的 KDJ 指标立刻回升，在 50 线上方形成了一个黄金交叉，成功突破了 50 线的压制。

可以发现，当前的黄金交叉比 11 月底的黄金交叉位置更高，并且突破了充当压力线的 50 线。因此，可以判定此处形成了一个突破压力位的二次金叉。

再结合股价前期拉升后回调，接着再次拉升的走势，说明后市还有很大的上涨空间，投资者可以在二次金叉形成后适当建仓。

从后续的走势可以看到，二次金叉形成后，股价出现了一字涨停。并在随后的近一周时间内，一字涨停都没有停歇，一路从 2.50 元价位线附近冲到了接近 5.00 元价位线左右，几乎在一周之内形成了翻倍的涨幅，这就是对前期二次金叉信号的肯定。

未能在二次金叉位置买进的投资者，尽管在连续一字涨停过程中很难抢到筹码，但还是可以在每个交易日开盘后积极挂出买单，抓住机会入场，持股待涨。待到后续股价开盘并出现下跌走势时就积极卖出，便可获得非常不错的收益。

3.1.3　KDJ 指标的高位死叉

KDJ 指标的死亡交叉指的是 3 条指标线自上而下互相击穿，形成的一个方向向下的交叉形态。与金叉一样，死叉也有高低位的区分。

其中，高位死叉发出的卖出信号比较强烈，也是比较可靠的死亡交叉形态。高位死叉需要形成在 80 线以上，也就是说，3 条指标线都要运行到超买区以内，并在该区域内转折向下互相下穿，这样的死亡交叉才能被称为高位死叉。

高位死叉意味着股价经历了长时间的上涨后，已经来到了相对较高的位置，市场中买盘积极性非常高。但到某一时刻，股价产生向下跌落的趋势时，场内卖盘数量会大大增加，导致 KDJ 指标还未下滑到超买区以下，便形成了死亡交叉。

高位死叉的位置越高，形态的危险系数越大，尤其是指标在 80 线附近钝化后形成的高位死叉，更要引起投资者警惕。

投资者如果在行情的高位或是阶段的高位遇到这样的形态，需要迅速卖出。就算错过了后续的涨幅，也可以再次买进。一旦在高位被套，投资者就很难再有效降低损失，更不要说赚取收益了。

下面来看一个具体的案例。

实例分析

通达股份（002560）KDJ 指标的高位死叉

图 3-3 为通达股份 2020 年 1 月到 5 月的 K 线图。

从图 3-3 中可以看到，通达股份正处于上涨过程中。在 2020 年 1 月期间，股价还围绕着 6.00 元价位线横向整理。1 月底到 2 月初，股价突然收阴快速下跌，直至跌到 5.00 元价位线以下，创出 4.65 元的阶段新低后才止跌回升。

KDJ 指标在跟随股价震荡下滑后，于 20 线附近形成了一个向上的黄金交叉，传递出买入信号。

在此之后，股价在震荡中上扬，并成功突破了前期高点，也就是 6.00 元价位线。随着涨势的稳定，KDJ 指标在运行到接近 80 线后小幅回落，随后在 50 线到 80 线这一区域内形成了钝化。

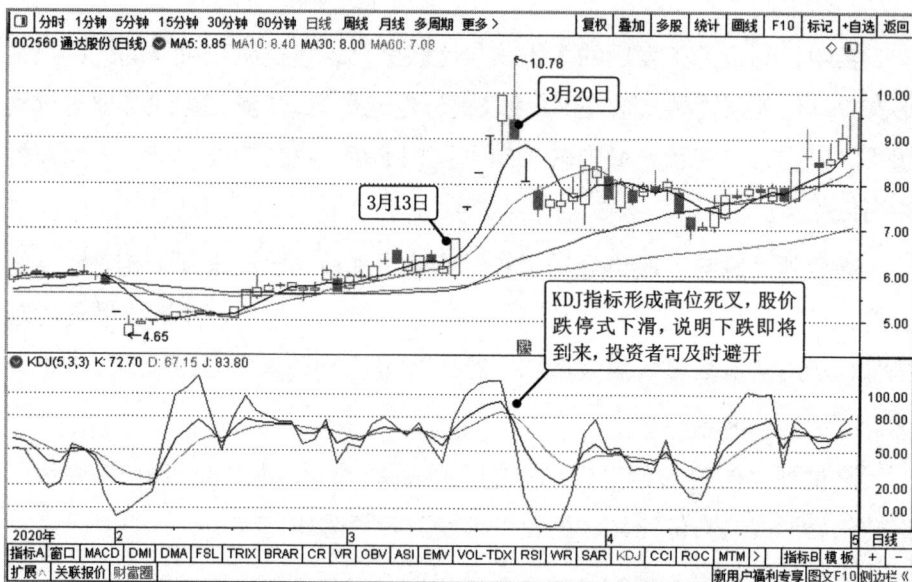

图 3-3　通达股份 2020 年 1 月到 5 月的 K 线图

继续来看后面的走势。股价的稳定上涨一直持续到 3 月中旬，在 3 月 13 日，股价以低价开盘后直线上冲，在数分钟内就冲上了涨停板并封住，直至收盘，当天收出了一根涨停大阳线。

在随后的数个交易日内，股价都形成了涨停，快速来到 10.00 元价位线附近。KDJ 指标在其影响下再次上冲，三条指标线都运行到了 80 线以上，显示出买盘的积极性。

但就在股价结束涨停的次日，也就是 3 月 20 日，股价形成低开后震荡高走，盘中创出 10.78 元的最高价后冲高回落，尾盘跌到了跌停板上封住，直至收盘。

在股价停止涨停后的次日就出现了跌停，是非常明显的止涨回落的表现。在接收到这样的信号后，市场反应非常强烈，这一点可以从 KDJ 指标的表现中看出。

在股价形成跌停的当日，KDJ 指标就拐头向下，三条指标线在 80 线以上形成了一个高位死叉，伴随着股价接连的下跌，指标也在迅速下行。指标与股价发出双重看跌的信号，说明行情即将面临一波下跌，投资者最好及时在高位卖出。

从后续的走势可以看到，股价一直下跌到 7.00 元价位线附近才得到支撑，并于 4 月中旬又开始了上涨。这说明前期的高位死叉代表着上涨行情中的阶段见顶，后市还有上涨空间。那么，投资者就可以在股价再次拉升的时候买进，持股等待下一次卖点的到来。

3.1.4　跌破支撑线的二次死叉

KDJ 指标的二次死叉指的是在股价下跌过程中，KDJ 指标在前期已经形成了一个位置相对较高的死叉（不一定是高位死叉）。随后，股价经历了一波反弹后再次下跌，导致 KDJ 指标又一次在更低的位置形成了一个死叉，这就是 KDJ 指标的二次死叉。

那么，跌破支撑位的二次死叉指的是什么呢？它与突破压力位的二次金叉比较类似，只要 KDJ 指标的二次死叉在形成时跌破了可以充当支撑线的位置，就可以确定该形态的成立。

这里的支撑线可以是前期指标的低点连线、指标止跌回升的低点位置或是 50 线、20 线这一类关键分界线。不过还有一种情况，就是指标在低位形成钝化，其钝化的低位也可以视作支撑线。

二次死叉的形成意味着股价跌势并未缓解，只是进行了一次整理，后续还将面临一波下跌。此时，投资者既无法判断下跌空间，也无法预测下跌时间，为避免遭受更大的损失，最好及早卖出。二次死叉形成时股价反弹的高位，就是一个很好的抛售点。

下面来看一个具体的案例。

实例分析

光正眼科（002524）KDJ 指标跌破支撑线的二次死叉

图 3-4 为光正眼科 2020 年 11 月到 2021 年 2 月的 K 线图。

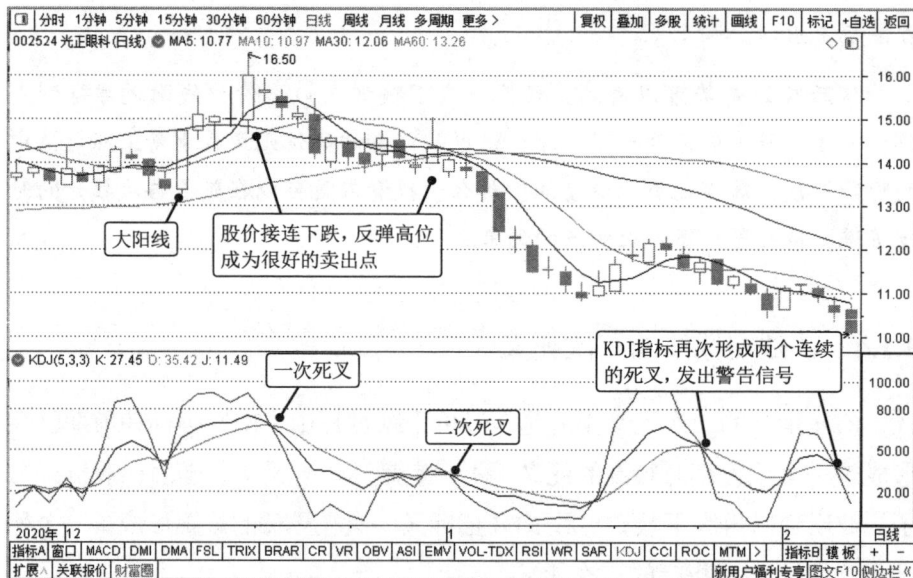

图 3-4　光正眼科 2020 年 11 月到 2021 年 2 月的 K 线图

从图 3-4 中可以看到，光正眼科正处于下跌行情之中。2020 年 11 月底到 12 月初，股价还在 14.00 元价位线附近横向震荡。

由于前期经历过一波下跌，KDJ 指标在 20 线附近形成了低位的钝化。直至 12 月初，在股价的一次稍大幅度的震荡带动下才形成向上的金叉，随后开始逐步向上攀升。

与此同时，股价开始试着向上穿过 14.00 元价位线的阻碍，最终成功于 12 月中旬以一根大阳线越过了该价位线，运行到其上方。

随后，股价上冲越过了 16.00 元价位线，并创出 16.50 元的阶段新高，紧接着股价便拐头进入了下跌之中。在股价下跌的同时，已经运行到靠近 80 线附近的 KDJ 指标也转头向下，形成了一个相对高位的死叉，预示着股价这一波的反弹结束，行情回到下跌轨道之中。

12 月下旬，股价跌至 14.00 元价位线附近得到支撑，形成横向震荡，KDJ 指标在 20 线上方不远处形成了钝化。2021 年 1 月初，股价跌破 14.00 元价位线的支撑，开始大幅收阴向下滑落。KDJ 指标也迅速脱离了钝化区域，再次形成一个更低位置的死叉后向下运行。

KDJ 指标在此位置形成的死叉，相较于 12 月中旬的死叉位置更低，并且在形成死叉后，指标成功跌破了钝化区域，也就相当于跌破了支撑线，二次死叉发出的看跌意味更浓。未能在 12 月中旬的一次死叉处卖出的投资者，在二次死叉形成后就要及时出局了。

从后面的走势可以看到，在 2021 年 1 月中旬，股价于 11.00 元价位线附近得到支撑后形成反弹，但数日后便再次下跌。KDJ 指标于 1 月下旬形成了一个死叉。

1 月底到 2 月初，股价再次反弹，但此次反弹的幅度更小，很快股价便再次下行，KDJ 指标又一次形成了一个死叉。这里的两个死叉也可以视作相连的一次死叉和二次死叉，并且二次死叉跌破了 50 线，再次向投资者发出了警告信号，说明股价跌势还未停止。

3.2　KDJ 指标不同摆动区域的应用

当 KDJ 指标的三条指标线位于不同的摆动区域时，将具有不同的意义。若 KDJ 指标同样的形态形成于不同区域时，其发出的信号也可能截然不同。

比如，KDJ 指标在高位的钝化和低位的钝化，对股价的预示就是完全相反的。了解指标在不同摆动区域的应用，对于中短线投资者来说还是很有必要的。

3.2.1　KDJ 指标线位于超买区的操作

KDJ 指标线位于超买区以内，主要分为两种情况：一种是只有一条或两条指标线位于超买区以内；另一种情况则是三条指标线都进入了超买区以内。这两种情况都是市场中多方积极推动，买盘大量挂单的表现，区别仅在于市场的积极性不同和多方推涨力度的强弱不同。

一般来说，只有一条或是两条线位于超买区以内是更为常见的情况，它意味着股价在正常上涨，并且已经来到了相对较高的位置。目前市场对价格有所高估，股价后市可能会面临回调或是下跌。应当引起投资者一定的重视，避免股价突然下跌，导致措手不及，错过卖点。

如果 3 条指标线都到达了超买区以内，这就说明市场可能过度高估该股。如果指标线在进入超买区后有走平的趋势，就说明多方推涨力度已经开始衰竭，后市下跌的可能性更大。投资者应当保持高度警觉，一旦股价有拐头下跌的趋势，就要立刻卖出，避免被套。

下面来看一个具体的案例。

实例分析

安凯客车（000868）KDJ 指标线位于超买区的操作

图 3-5 为安凯客车 2019 年 11 月到 2020 年 3 月的 K 线图。

从图 3-5 中可以看到，安凯客车正处于上涨行情向下转折的过程中。在 2019 年 12 月初，股价还在向下跌落，在小幅跌破 4.50 元价位线后得到支撑，开始缓慢向上攀升。KDJ 指标受其影响，逐渐从接近 20 线附近的位置向上运行，朝着超买区靠近。

12 月中旬，股价成功向上突破了 4.50 元。此时，KDJ 指标中最敏感的 J 线一跃向上，来到了超买区以内，但 K 线和 D 线离 80 线还有一定的距离，三条指标线有走平趋势。这就说明股价此次上冲比较短暂，后续即将进行的回调幅度也不会太深。

　　果然，股价在越过 4.50 元价位线后就形成了横向盘整，不过很快便在该价位线上得到支撑，再次向上运行。

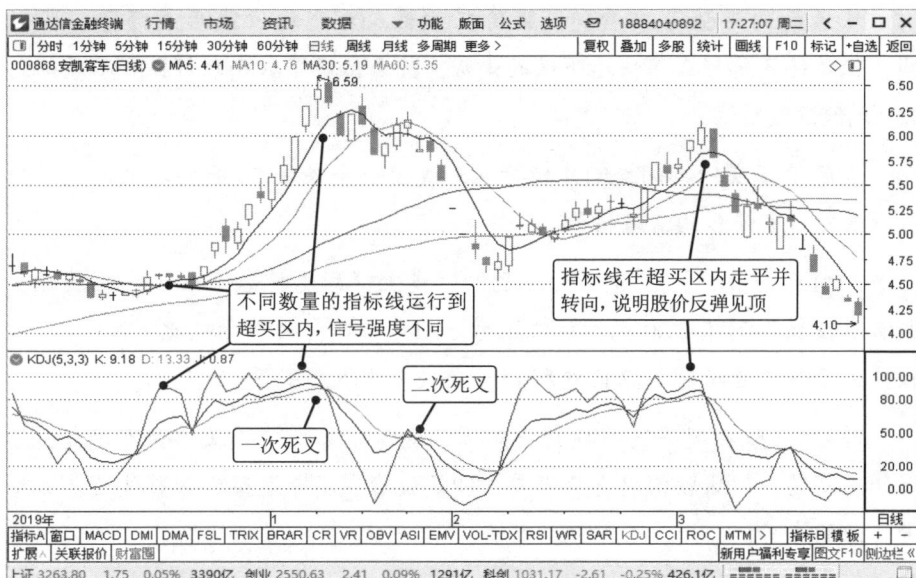

　　图 3-5　安凯客车 2019 年 11 月到 2020 年 3 月的 K 线图

　　继续来看后面的走势。股价这一次的上涨速度明显加快了不少，几乎是踩在 5 日均线上斜线上涨。KDJ 指标在小幅回调后跟随股价快速向上攀升，J 线率先冲破 80 线，紧接着便是 K 线，最后是 D 线。

　　最终，在 2020 年 1 月初，三条指标线都已经运行到了超买区以内，其中 J 线甚至多次突破了 100 线。

　　这意味着市场可能已经过度高估该股，再加上股价已经从 4.50 元价位线附近冲到了 6.50 元价位线附近，短时间内的涨幅超过了 44%。这样连续且快速的上涨并不会持续太长时间，股价有可能会出现下跌。

　　观察 KDJ 指标也可以发现，在三条指标线都运行到 80 线以上后不久，指标的上行速度就变缓了。最先拐头向下的是 J 线，紧接着便是 K 线和 D 线，都有了向下转向的迹象。

　　再来看股价的表现，股价在小幅越过 6.50 元价位线，并创出 6.59 元的新高后，后续两个交易日都是收阴下跌。这说明股价有了向下转向的趋势，中短线投资者应当在此快速卖出，场外投资者最好保持观望。

从后面的走势可以看到，股价在跌至 6.00 元价位线后震荡了一段时间，但最终还是形成了快速下跌的走势，甚至出现了数个跌停，一路跌回到 4.50 元价位线附近。

在股价下跌的期间，KDJ 指标也形成了一个跌破 50 线的二次死叉，向投资者发出了强烈的看跌信号。

2020 年 2 月初，股价在 4.50 元价位线上得到支撑后形成了一次反弹，数日后便反弹到了 5.00 元价位线上方。KDJ 指标受到影响快速上冲，J 线很快冲到了超买区以内，但 K 线和 D 线都还未进入超买区。

随后，J 线在超买区域内拐头向下，这意味着股价的反弹并不稳定，开始出现震荡。但从股价的走势来看，即便股价在不断震荡，但整体还是保持着上涨的走势。

2 月下旬，股价再次加速上涨，并且连续收出阳线。KDJ 指标受其影响又一次向上形成转折，最终在 3 月初，三条指标线都向上来到了超买区域内。

但就在进入超买区后不久，股价就触顶回落，开始大幅下跌。KDJ 指标也在高位形成了一个死叉，意味着这一波反弹的结束，形成了一个非常明确的卖点，在反弹初期建仓的投资者要注意及时卖出。

3.2.2　KDJ 指标线位于超卖区的操作

当 KDJ 指标线位于超卖区以内，同样分为两种情况，即只有一条或是两条指标线位于超卖区内和三条线都进入超卖区内。

这两种情况都意味着市场中卖盘在不断增加，场内抛压渐重。一旦 KDJ 指标进入超卖区域，市场对价格就产生了一定的低估，待到股价止跌，就可能会形成一波上涨。

因此，当 KDJ 指标线进入超卖区后，投资者就要对股价的走势保持高度关注和重视。若后市一直下跌，那么 KDJ 指标很有可能在低位形成钝化；若股价有止跌回升的迹象，那么 KDJ 指标就可能会在超卖区内拐头向上，形成明显的转折。

结合价格与指标线的表现来分析，投资者就能够对后市的走势有一个大概的判断，进而决定是否买卖。

下面来看一个具体的案例。

实例分析

中科云网（002306）KDJ 指标线位于超卖区的操作

图 3-6 为中科云网 2021 年 9 月到 12 月的 K 线图。

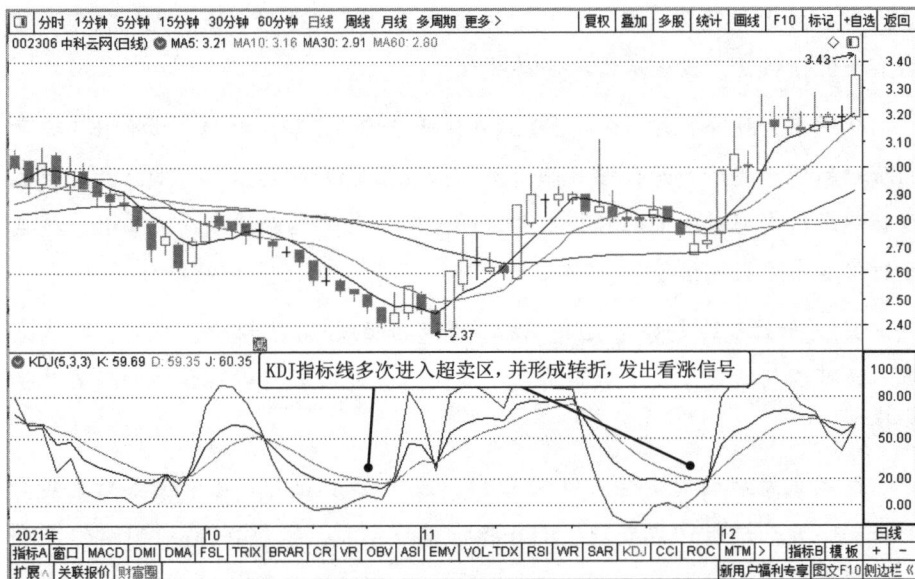

图 3-6　中科云网 2021 年 9 月到 12 月的 K 线图

从图 3-6 中可以看到，中科云网正处于下跌走势向上转折的过程中。在 2021 年 9 月期间，股价还在不断下跌，并且越到后期跌速越快，最终跌破了均线组合运行到其下方。

KDJ 指标跟随其从 80 线附近不断向下运行，在 9 月底逐渐运行到了 20 线附近，J 线直接进入了超卖区。数日之后，KDJ 指标的 K 线也小幅越过了 20 线，来到了超卖区以内。

与此同时，股价也下跌到 2.60 元价位线附近得到支撑，并在其附近横盘震荡了几日。KDJ 指标中的 J 线和 K 线在越过 20 线后，便伴随着股价的震荡而产生了转折，D 线没有再向下，而是在 20 线上方就开始转折向上。在股价反弹的同时，指标也向上远离了超卖区。

但好景不长，股价反弹到 2.80 元价位线附近后再次受到压制，拐头继续下跌，KDJ 指标也随之转折下行。股价的这一波下跌时间更长，幅度更大，很快便于 10 月下旬来到了 2.40 元价位线附近。

KDJ 指标一路被拉向下方，J 线首先穿过 20 线进入了超卖区，紧接着 K 线和 D 线都接连进入超卖区内。这说明此轮下跌过程中场内抛压较重，市场有所低估该股，投资者需要保持关注。

10 月底，股价跌至 2.40 元后受到支撑开始横向震荡，于 11 月初创出 2.37 元的阶段新低，随后开始大幅收阳上涨。而在股价开始震荡时，KDJ 指标就已经在超卖区内形成向上的转折，并伴随着股价的震荡而逐渐向上攀升，提前于股价发出了买入信号。

将股价上涨的走势与 KDJ 指标前期形成的转折信号结合来看，投资者基本就可以判断出，股价后市将有一波上涨，此时就可以在合适的位置建仓入场了。

继续来看后面的走势。11 月中旬，股价上涨至 3.00 元价位线附近后受到压制，开始进行回调整理。KDJ 指标反应剧烈，很快在 80 线附近形成向下的死亡交叉。

后续伴随着股价的回调，KDJ 指标线一路下行，再次来到了超卖区以内。但此次 K 线和 D 线并没有太过深入超卖区，而是在小幅越过 20 线后，就跟随股价的再次上涨而转折向上了。这又是一个股价即将拉升的信号，前期未入场的投资者，此时就要抓紧时间了。

3.2.3　KDJ 指标线在 50 线附近徘徊

KDJ 指标线在 50 线附近徘徊的状态，主要观察的是 KDJ 指标中的 K 线和 D 线的走势。因为 J 线太过敏感，即便在 50 线附近横向震荡，J 线也很有可能频繁上下穿过超买区和超卖区。

当 KDJ 指标中的 K 线和 D 线围绕 50 线，或是在 50 线上方、下方横向震荡运行时，说明股价有可能正在进行盘整，并且在这段时间内没有产生明显的方向性变化的趋势。

股价和 KDJ 指标双方都在横盘，形成了市场中的中继形态。在遇到这样的形态时，如果投资者没有对后市保持明确的看涨或看跌的态度，最好暂时观望。一旦股价或者 KDJ 指标在某一时刻脱离横盘区域，形成明显的向上或向下的方向性突破时，场内外的投资者就可以根据自身策略或需求，决定是否跟随买卖。

还有另一种情况，股价在持续向上或向下运行的过程中震荡比较频繁，并且幅度稍微有些大，KDJ 指标没能在高位或低位形成钝化，反而在 50 线附近形成钝化。但在这里，KDJ 指标产生的钝化并不明显，具体表现为 KDJ 指标中的 K 线和 D 线围绕 50 线反复横向震荡。

如果投资者遇到这样的情况，其操作策略和遇到 KDJ 指标的高低位钝化时一致，若股价保持震荡上扬或下行的走势，KDJ 指标线在 50 线附近一直徘徊，那么投资者就可以根据股价的涨跌走势来决定是一直持有，还是及时卖出保持观望。

下面来看一个具体的案例。

实例分析

中远海特（600428）KDJ 指标线在 50 线附近徘徊的操作

图 3-7 为中远海特 2021 年 6 月到 9 月的 K 线图。

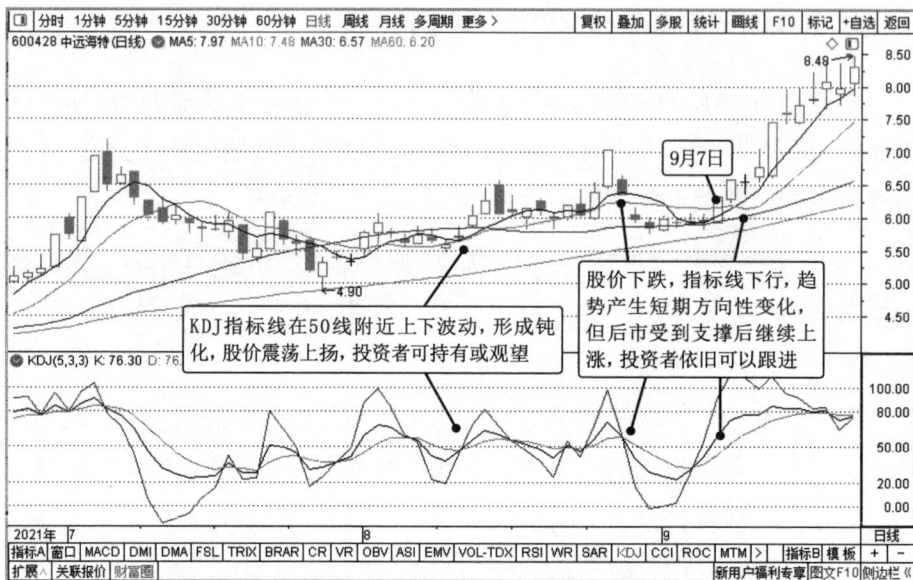

图 3-7　中远海特 2021 年 6 月到 9 月的 K 线图

从图 3-7 中可以看到，中远海特正处于上涨行情之中。6 月到 7 月初，股价还保持着快速的上涨，很快便来到了 7.00 元价位线附近。随后，股价阶段见顶，进入回调之中。

此时，已经在高位产生钝化的 KDJ 指标脱离钝化区域，在超买区域内形成一个向下的死亡交叉后持续下行，很快便来到了 20 线附近。

同一时刻，股价还在下跌，但是 30 日均线对股价形成了一定程度的支撑。股价在其上方横盘了数日，随后将 30 日均线小幅跌破，创出 4.90 元的阶段新低后，又在 60 日均线的支撑下回升，开始了小幅的震荡上扬走势。

此时来观察 KDJ 指标，在股价受到 30 日均线的支撑产生震荡时，指标线就已经从 20 线附近向上转折，缓慢攀升。待到股价在 60 日均线上受到支撑回升时，KDJ 指标已经来到了 50 线附近。

在后续的走势中，股价走出了反复的上涨、回调、再上涨、再回调的波浪形上升走势。尽管整体上涨速度并不快，但比较稳定，不过震荡幅度稍微有点大。

这一切因素导致了 KDJ 指标没能再继续向上来到超买区，反而在 50 线附近停滞不前。KDJ 指标的 K 线和 D 线围绕 50 线开始上下波动，形成了并不严重的钝化。

这样的走势很明显符合前面理论介绍到的第二种情况，那么，投资者的操作策略就比较明确了。

由于此时股价正在上涨，场内的投资者可以保持持有；场外的投资者如果认为短期涨幅可观，就可以在合适的位置买进，如果投资者认为涨势并不稳定，那么就可以留在场外保持观望。

继续来看后面的走势。8 月底，股价在震荡中来到了 7.00 元价位线附近，但并未突破该压制线，而是拐头进入下跌之中。

此次的下跌幅度相较于前期来说更大，破坏了上升的浪形走势。KDJ 指标也很快脱离了在 50 线附近的钝化，转而向下运行，靠近 20 线，这就是股价短期的方向性选择。此时，场内投资者就可以快速卖出，将收益兑现；场外投资者可依旧保持观望。

9 月初，股价跌至 30 日均线附近后受到支撑，开始缓慢向上移动。9 月 7 日，股价收出一根涨幅达到 6.04% 的大阳线，随后快速上涨。

同时，KDJ 指标迅速在 20 线附近拐头向上，形成了一个黄金交叉，再加上股价的积极走势，意味着又一波拉升的来临。前期保持观望或已经卖出的投资者，此时就可以再次建仓。

3.3　KDJ 指标的特殊背离形态

KDJ 指标的背离主要产生于指标线和股价之间。当 KDJ 指标线朝着某一方向运行时，股价却产生相反方向的发展趋势，这就是一种背离。

还有一种情况，就是观察 KDJ 指标线和股价的低点或高点，当二者的低点或高点分别朝着不同的方向运行时，也是一种背离，比如当 KDJ 指标线的低点上移时，股价的低点却在下移。

当背离形态产生时，往往意味着趋势即将发生较大的变化。借助 KDJ 指标的背离形态提前发出的信号，投资者就能够有所准备，进而在合适的位置进行操作。

3.3.1 阶段顶部 KDJ 指标的顶背离

首先，投资者需要了解什么是 KDJ 指标的顶背离。

这种背离形态主要观察的是 KDJ 指标和股价的高点。当股价保持上涨，高点在不断上移时，KDJ 指标的高点却出现了向下移动的趋势，将股价和 KDJ 指标的高点分别相连，会形成两条方向相悖的斜线，这就是 KDJ 指标的顶背离。

当顶背离出现在上涨行情中的阶段顶部时，说明市场中多方的推动力开始衰弱。随着股价的不断上涨，场内积累的获利盘开始大量卖出，再加上部分看多的投资者逐渐转向看空，继而挂出卖单，兑利离场，盘中抛压渐长，这才导致 KDJ 指标高点不断下移。

这是股价随时会见顶回调的提前预警信号，并且后市面临的回调幅度可能比较大，投资者在发现这样的走势后就要保持警惕。

谨慎的投资者最好在发现形态后就立即卖出，尽早离场；激进的投资者则可以继续观望，但在观望的过程中一旦发现股价产生回调下跌的趋势，就要立即出局，降低损失。

下面来看一个具体的案例。

实例分析

派克新材（605123）KDJ 指标在阶段顶部的顶背离

图 3-8 为派克新材 2021 年 7 月到 11 月的 K 线图。

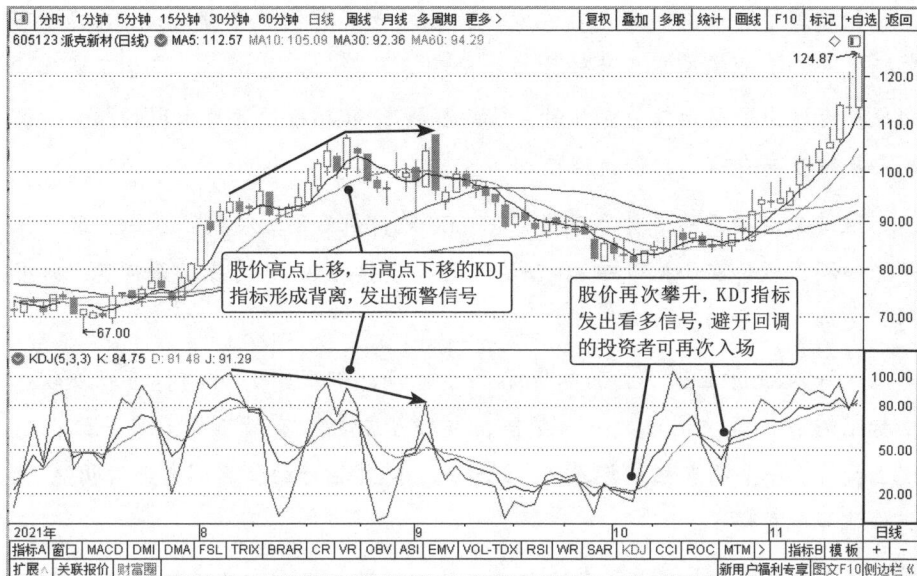

图 3-8　派克新材 2021 年 7 月到 11 月的 K 线图

从图 3-8 中可以看到，派克新材正处于上涨行情之中。在 7 月初，股价还在 70.00 元价位线附近横向震荡。到 7 月中旬，股价下穿 70.00 元价位线的支撑并创出 67.00 元的阶段新低，随后开始逐步向上攀升。KDJ 指标在其带动下从 50 线附近脱离，开始向超买区运行。

7 月底，股价连续收出数根大阳线，快速上冲到了 90.00 元价位线附近。虽然后续减缓了涨速，但股价依旧在攀升，很快便接近了 100.00 元价位线。KDJ 指标受其影响迅速上冲，很快便来到了超买区，J 线甚至向上冲破了 100 线，形成了一个高点。

但随着 100.00 元价位线的压制力，股价进行了一波小幅回调，不过很快便在 10 日均线上站稳，并继续向上攀升。KDJ 指标在转折向下形成一波下跌后，便继续跟随股价上涨的走势，向着 80 线靠拢。

在 8 月中下旬，股价冲破了 100.00 元价位线的压制，迅速到达 110.00 元价位线附近。与此同时，KDJ 指标中的 J 线也上升到了超买区以内，又形成了一个顶峰。

但观察 J 线的前期高点可以发现，相较于 8 月初的峰顶来说，8 月中下旬的这一次上冲高度明显降低，与股价明显上涨的高点相比，产生了背离，向投资者发出了见顶信号。此时，已经发现 KDJ 指标顶背离出现的投资者，就要及时在高点卖出，保持观望。

继续来看后面的走势。股价在 110.00 元价位线附近受到了压制，又一次开始回调。股价在小幅跌破 10 日均线后逐步接近 30 日均线，并在其上方受到了支撑，又开始了一次上涨。

这一次股价上涨形成的高点略高于前期，但观察 KDJ 指标可以发现，指标跟随股价再次形成的一个高点，相较于前期又有所下降，几乎就在 80 线上，与前一个高点相差甚远。由此看来，KDJ 指标的背离形态更为明显了，危险信号也更强了。

9 月初，股价在创出新高的当日，就收出了一根盘中几近跌停的大阴线，更强调了后市看跌的信号。此时，投资者就要抓紧时间出局了，避开后期的大幅回调。

从后续的走势可以看到，在这根大阴线出现后，股价就开始逐步向下滑落，直至 10 月初才跌至 80.00 元价位线附近，得到支撑开始向上回升，进入又一波的拉升之中。

与此同时，KDJ 指标在接近 20 线的位置形成了一个向上的黄金交叉，在 10 月下旬，指标在回调后再次向上转折，形成了一个二次金叉，预示着股价的再次上涨。前期观望的投资者，此时就可以再次买进，持股等待后续的上涨。

3.3.2　行情顶部 KDJ 指标的顶背离

在行情顶部形成的 KDJ 指标顶背离，相较于阶段顶部来说，信号强度更强，同时带来的危险也更高。

当股价运行到接近行情顶部的位置时，说明其已经经历了长时间或者大幅度的上涨，盘中不仅积累了大量的散户获利盘，还存在着随时准备出货的主力，这是很大的一股推动力。

一般来说，在行情高位形成 KDJ 指标顶背离时，盘中增加的卖盘很大一部分是主力出货导致的。一旦主力出货完毕，行情转向下方，就可能一去不返，仅仅给投资者留下几次反弹的机会。

因此，投资者在股价运行到非常高的位置时发现了 KDJ 指标的顶背离，就要保持高度警惕，或者直接提前出局。

拓展知识　*如何判断行情顶部与阶段顶部*

了解了关于阶段顶部与行情顶部 KDJ 指标产生背离的情况，投资者要如何判断行情顶部与阶段顶部呢？

在实战过程中，要想完全精确地区分出阶段顶部与行情顶部，几乎是不可能的。但在技术分析中仍然存在一些方法，能够帮助投资者在一定程度上分析出股价当前的位置。这里介绍一种比较简单实用的方法：利用均线组合。

一般投资者使用的均线组合都是由 5 日均线、10 日均线、30 日均线（或 20 日均线）和 60 日均线组成的组合。如果股价处于阶段顶部，并且回调幅度并不是特别大时，往往不会向下彻底跌破 60 日均线，而是会在靠近 60 日均线后或小幅跌破 60 日均线后就受到支撑，随后表现出继续上涨的走势。

如果股价来到了行情顶部并拐头向下，那么一定会在某一时刻彻底跌破 60 日均线，并在后续表现出不再回头的下跌趋势。这就意味着行情进入了下跌，投资者再不出局就要被套了。

下面来看一个具体的案例。

实例分析

美邦服饰（002269）KDJ 指标在行情顶部的顶背离

图 3-9 为美邦服饰 2021 年 4 月到 8 月的 K 线图。

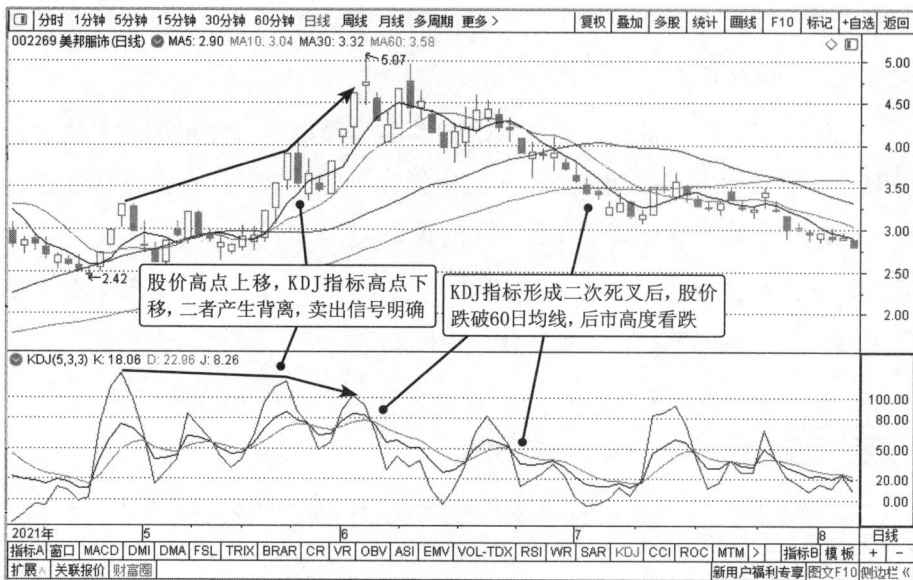

图 3-9　美邦服饰 2021 年 4 月到 8 月的 K 线图

从图 3-9 中可以看到，美邦服饰正处于上涨行情的高位。在 4 月下旬之前，股价还在进行回调。4 月底，股价小幅跌破 30 日均线，随后在 2.50 元价位线附近得到支撑开始回升。

股价回升后的第一波拉升速度非常快，直接将其拉到了 3.00 元价位线以上，但随后便在 3.25 元价位线附近受到压制，震荡下跌。不过后续股价依旧在 30 均线上得到支撑，形成又一次回升，股价此次回升还未越过前期高点，便再次形成下跌，并跌破了 30 日均线。

观察 KDJ 指标可以发现，指标线已经跟随股价的两次震荡形成了两个高点，不过与股价一样，指标的第二个高点往下移动了不少。

股价在小幅跌破 30 日均线后，很快便在 2.75 元价位线附近得到支撑，再次开始上扬。此次上扬的速度越到后期越快，并且上涨时间也比之前长，股价很快便来到了 4.00 元价位线附近，并在此出现了小幅回落。

KDJ 指标跟随股价的上涨又形成了一个高点，虽然相较于上一个高点来说，此处是向上移动的。但将其与 4 月底形成的高点对比可以发现，此处的高点并未达到前期的高度，而股价相较于 4 月底的位置来说却抬高不少。二者形成了初步的背离，向投资者发出了预警信号，一个卖点出现。

继续来看后面的走势。5 月底，股价在 3.50 元价位线附近得到支撑后再次开始上冲。此次上冲速度非常快，短短数日后，股价就从 3.50 元附近上升到了最高的 5.07 元，涨幅接近 45%。

观察 KDJ 指标可以发现，指标又一次形成的高点相对于前一个来说，有了更明显的下降。这与股价再次上升的走势不符，二者的背离形态更为明显了，谨慎的投资者应当及时卖出。

从后续的走势可以看到，股价在创出 5.07 元的新高后就再未能上涨越过该高点，而是在 4.00 元价位线的支撑下开始横向震荡，高点逐步向下移动。观察 KDJ 指标也可以看到，在股价见顶下跌后，KDJ 指标就向下拐头形成一个死亡交叉，随后持续下行。

指标线接近 20 线后小幅回升，但很快便伴随着股价的再次下跌又一次转折向下，形成了一个二次死叉。在二次死叉形成后不久，股价就跌破了 30 日均线乃至 60 日均线，二者结合，发出了强烈的卖出信号，还未离场的投资者必须果断抛售。

3.3.3　阶段底部 KDJ 指标的底背离

与 KDJ 指标顶背离不同的是，KDJ 指标的底背离是出现在阶段底部或是行情底部的一种背离形态，观察的是 KDJ 指标和股价的低点。

当股价的低点不断下移，呈现出向下跌落的走势时，KDJ 指标的低点却在向上移动，二者产生的背离就被称作 KDJ 指标的底背离。

当 KDJ 指标底背离出现在阶段底部时，说明多方已经开始发力，买盘数量逐渐上升，股价后续有被推动上涨的可能性。一直在场外观望的投资者此时就要擦亮眼睛，关注股价可能的回升迹象，或者 KDJ 指标向上形成的黄金交叉等明显的看多信号。

当这些信号出现时，投资者就可以试探性地买进，确认涨势后还可以适当加仓，持股待涨。

下面来看一个具体的案例。

实例分析

金刚光伏（300093）KDJ 指标在阶段底部的底背离

图 3-10 为金刚光伏 2022 年 3 月到 6 月的 K 线图。

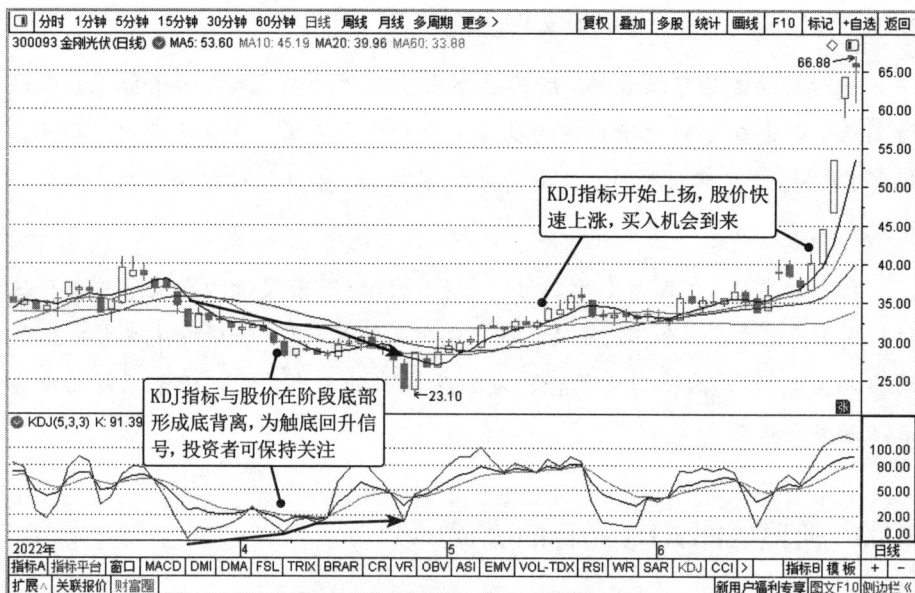

图 3-10　金刚光伏 2022 年 3 月到 6 月的 K 线图

从图 3-10 中可以看到，金刚光伏正处于上涨行情之中。3 月下旬之前，股价还维持着上涨。进入 3 月下旬后，股价在 40.00 元价位线附近受到压制，随后开始拐头向下，进入回调之中。

同时，KDJ 指标也从 50 线上方向下滑落，一直落到接近 20 线的位置。J 线一路深入 20 线，于 3 月底跌破了 0 线，形成了一个低点。

在后续的走势中，股价在波动中向下滑落，整体呈阶梯式下跌。每当股价在某一位置受到支撑，形成横盘或者小幅反弹的走势时，KDJ 指标中的

J 线都会快速转折向上，因而形成了多个低点。

观察这些低点可以发现，KDJ 指标的低点在不断地上移，与低点下移的股价形成了底背离。这说明多方已经开始发力反攻，股价回调即将见底，投资者要保持高度关注。

4 月底，股价在一次快速下探后跌破了 25.00 元价位线的支撑，并在次日创出了 23.10 元的新低。就在新低形成的当日，股价触底回升，收出了一根大阳线，随后震荡向上攀升，很快便突破了上一次反弹的高点。

观察 KDJ 指标可以发现，指标向下形成又一个低点后，迅速转折向上形成了一个黄金交叉，并在后续接连上涨。伴随着股价涨势的稳定，KDJ 指标也在 80 线附近形成了钝化。

这样的走势进一步肯定了股价的上涨走势，以及 KDJ 指标底背离形态发出的阶段见底信号。预示着上一波回调结束，股价又进入了下一波上涨之中，投资者可以在适当的位置买进。

从后续的走势可以看到，虽然股价在小幅突破 35.00 元价位线后，形成了回调盘整，但后续还是向上缓慢攀升，并于 6 月下旬形成了极快的上涨，前期买进的投资者可以获得非常不错的收益。

3.3.4　行情底部 KDJ 指标的底背离

当股价运行到行情底部时，意味着股价已经经历了很长一段时间的下跌，市场情绪逐步低落，交易开始变得冷淡，无论是买盘还是卖盘，数量都不会太多。

而 KDJ 指标在此时形成低点向上的走势，与下跌的股价产生底背离，就意味着场内有多方开始发力，买盘逐渐增加。待到多方力量压过空方，股价就有可能在某一时刻产生转折向上，进入新的行情之中。

因此，投资者如果在行情底部发现股价与 KDJ 指标形成底背离以后，就要保持高度的关注，一旦行情有向上转折的迹象，就可以试探性地建仓。

与判断行情顶部与阶段顶部的方法类似，投资者依旧可以使用均线组合中的长周期均线，也就是通过 30 日均线和 60 日均线来大致判断行情的底部和阶段底部。

下面来看一个具体的案例。

实例分析

科信技术（300565）KDJ 指标在行情底部的底背离

图 3-11 为科信技术 2022 年 1 月到 7 月的 K 线图。

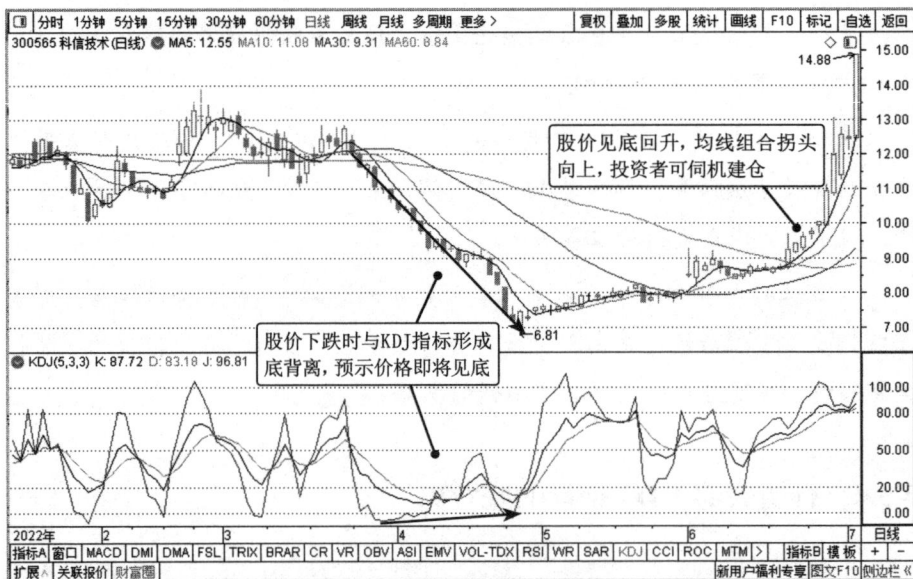

图 3-11　科信技术 2022 年 1 月到 7 月的 K 线图

从图 3-11 中可以看到，科信技术正处于下跌行情的底部。在经历了前期长时间的下跌后，股价开始在 12.00 元价位线附近横向震荡，到 3 月下旬开始快速收阴，向下跌落。

原本在跟随股价震荡的 KDJ 指标迅速在 50 线附近形成了一个向下的死亡交叉，随后持续下行，一路越过了 20 线来到了超卖区。

当指标进入超卖区后，最为敏感的 J 线很快便越过了 0 线，跌到了 0 线下方，但伴随着股价后续的下跌，J 线的低点却在不断向上移动，与持续下跌的股价形成了背离，发出了初步的见底信号。

4 月中旬，股价跌至 9.00 元价位线附近得到支撑，短暂横盘几个交易日后，股价便再次大幅收阴下跌，直至跌破 7.00 元价位线的支撑，在创出 6.81 元的新低后，当日便收阳上涨。

此时，KDJ 指标在进入超卖区以后，就跟随上涨的股价转折，形成了又一个低点。尽管这一个低点相对于前一个来说是向下移动的，但对比起 3 月底的 J 线低点来看，此处的低点依旧是抬升的，因此，KDJ 指标的底背离依然存在。

在此之后，股价就开始了缓慢的收阳上涨，KDJ 指标迅速向上移动，很快便来到了 80 线附近，股价整体有了止跌回升的迹象。

此时来观察均线组合，最敏感的 5 日均线和 10 日均线都已经转折向上。随着股价的震荡上扬，30 日均线也开始走平，并在被 5 日均线和 10 日均线突破后，很快便转折向上。尽管 60 日均线还在下行，但已经发生转向的三条均线会逐渐将其向上扭转。

从后续的走势可以看到，6 月中旬，股价在靠近 9.00 元价位线后受到了一定的压制，但很快便大幅收阳快速上涨，短时间内就冲上了接近 15.00 元的位置。同时，60 日均线终于被扭转，向上跟随其他三条均线一同向上发散，发出了明显的买入信号，投资者也可以基本确定此处为下跌行情的底部。

图 3-12 为科信技术 2022 年 4 月到 9 月的 K 线图。

从图 3-12 中可以看到，当股价被快速拉升后，很快便冲上了接近 30.00 元价位线的位置。在此期间，KDJ 指标迅速运行到 80 线以上，在超买区域内产生了钝化。

随后，股价在上冲到 30.00 元价位线时受到阻碍，拐头形成了回调。KDJ 指标脱离钝化区域，向下形成死亡交叉并持续下行。此处发出了明显的卖出信号，前期已经入场的中短期投资者，就可以借机快速卖出了。

从后面的走势可以看到，股价此次回调幅度并不深，很快便在 20.00 元价位线上方得到支撑，并开始了又一波的拉升，形成了一个买点。投资者可以继续在此处追涨买进。

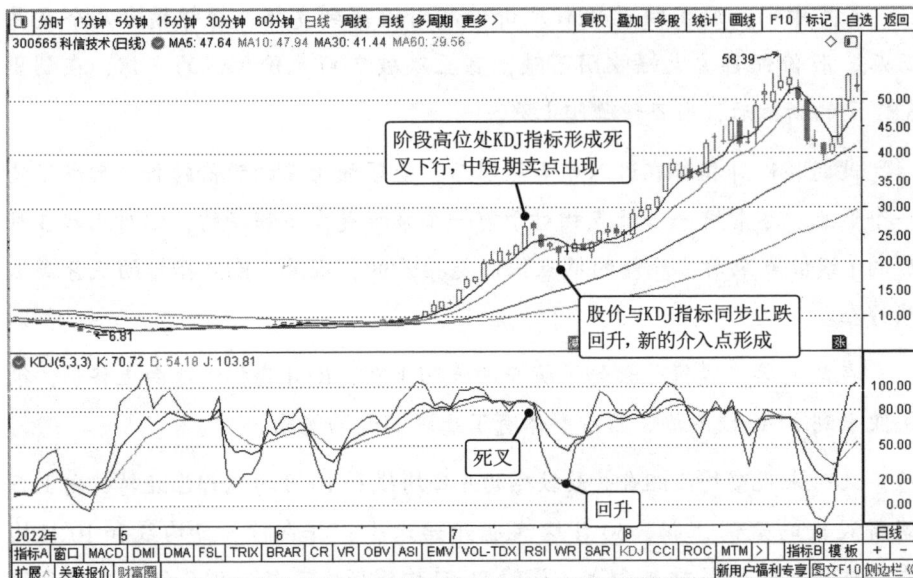

图 3-12　科信技术 2022 年 4 月到 9 月的 K 线图

第4章

[KDJ指标与K线形态的结合]

　　这里的K线形态是指K线图中包含实体和上下影线的K线，也被称为蜡烛线，主要用于观察股价走势。常见的K线有阴线、阳线、十字星线和一字线等，当相邻的K线组合形成特殊形态时，将其与KDJ指标结合，会产生非常不错的预判效果。

4.1 K 线买入形态结合 KDJ 指标

K 线图中，K 线的买入形态多种多样，有两根或多根 K 线构成的反转形态，如阳包阴、曙光初现等，也有多根 K 线组合形成的底部形态，如 V 形底、双重底等。

这些特殊形态各自的形态标准和构筑要求都有所不同，但基本都传递了股价后市上涨的看多信号。将其与 KDJ 指标线的转折或是黄金交叉相结合，就能够进一步确定形态的可靠性，从而提高成功率。

4.1.1 阳包阴+KDJ 指标转向

阳包阴指的是股价在经历一段时间的下跌后，突然在某一位置出现一根中阳线或是大阳线，将前一个交易日的阴线实体整体吞没的形态，如图 4-1（左）所示。

不过，阳包阴也不一定只是一根阳线吞没一根阴线，在这根阳线之前形成的阴线可以是多根。如 2～3 根阴线被同一根中阳线或是大阳线吞没，也可以形成阳包阴，如图 4-1（右）所示。

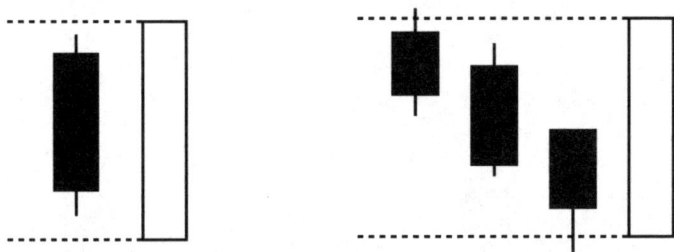

图 4-1 阳包阴的两种 K 线形态

阳包阴是多头发力将空头压制住，并形成反转的走势。当其出现在底部位置时，通常是股价即将上涨的信号。阳线实体越长，将阴线吞没得越深，形态的可靠度就越强。

如果股价在形成阳包阴的同时，KDJ 指标也在此位置转折向上，在后续形成黄金交叉，那么该形态的买入信号会得到进一步的确定，投资者在此位置买入的成功率会更高。

下面来看一个具体的案例。

实例分析

奥特维（688516）阳包阴与 KDJ 指标转折的结合

图 4-2 为奥特维 2022 年 2 月到 7 月的 K 线图。

图 4-2　奥特维 2022 年 2 月到 7 月的 K 线图

从图 4-2 中可以看到，奥特维正处于上涨行情之中。2 月底到 3 月中旬，股价长时间在 200.00 元到 220.00 元进行震荡。3 月中旬，股价小幅跌破 200.00 元价位线后，在 30 日均线上得到支撑，随后形成了小幅度的上涨。

股价在突破 220.00 元价位线后，在继续向上接近 240.00 元价位线的过程中受到了压制，进入了回调。KDJ 指标也在震荡后跟随股价下行，很快便接近了 20 线。

与此同时，股价也于 4 月中旬跌到了 180.00 元价位线附近。就在股价接触到 180.00 元价位线的当日，K 线收出了一根带长下影线的中阴线。次日，股价低开后向下滑落，触底后再次回升，在经历了一系列震荡后，最终以 3.37% 的涨幅收出了一根阳线。

这根阳线的波动幅度接近 3.47%，可以看出是一根中阳线。将这两日的 K 线结合来看，这一根中阳线成功吞没了前一根阴线的实体，在此位置形成了一个小的阳包阴形态。

同一时刻，KDJ 指标中的三条指标线都形成了相应的转折，说明后市将会出现一定的上涨。但由于这一根中阳线与阴线的实体长度差距不大，形态发出的买入信号并没有太强烈，谨慎的投资者可以试探性地建仓，或是先保持观望。

继续来看后面的走势。阳包阴在形成数日后，股价确实有一定幅度的上升，冲到了 220.00 元价位线附近。但该价位线的压制力非常强，股价不得不拐头下跌，又回到了 180.00 元价位线附近。

这一波上涨虽然时间很短，但涨幅还是比较可观的，前期买进的投资者可以尽快在股价拐头下跌的同时卖出。

在 4 月下旬，股价跌至 180.00 元价位线后，于 4 月 27 日低开后快速高走，盘中直逼涨停，尾盘小幅回落，最终以 9.35% 的涨幅收出了一根大阳线。这根大阳线直接吞没了前两根阴线实体，形成了一个更大的阳包阴形态。并且在股价上涨的同时，KDJ 指标立刻拐头向上，形成了一个明显的尖底，后续很快冲到了 80 线以上。

再来观察股价的走势，在形成又一个阳包阴形态后，股价的涨速非常快，一举突破了 220.00 元价位线的压制，来到了其上方。

股价在 240.00 元价位线附近横盘整理了一段时间后继续上涨，进入 7 月后冲到了 320.00 元价位线以上。相较于第二个阳包阴形态形成时的 180.00 元来说，此时的涨幅接近 78%。

在两个多月的时间内有如此巨大的涨幅，为投资者带来的收益是非常可观的。只要投资者在阳包阴形态再一次形成，并且形态更为标准和可靠的情况下大胆买进，在后续的任何一个位置抛盘，都能赚取一定的收益。

4.1.2　曙光初现+KDJ 指标转向

曙光初现指的是股价在经历下跌后，在某一位置收出了一根中阴线或是大阴线，次日，股价向下跳空低开，并且当日触底回升，向上收出了一根中阳线或大阳线，并且阳线实体深入阴线内部，几乎达到了前一根阴线实体的一半左右，如图 4-3 所示。

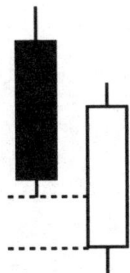

图 4-3　曙光初现的 K 线形态

需要注意的是，曙光初现形态第二根阳线的开盘价需要低于前一天阴线的最低价，但收盘价却要高于前一天阴线的收盘价，这样才能形成一个标准且完整的曙光初现形态。

与阳包阴一样，曙光初现形态传递的也是后市看涨的信号，并且出现的位置也是在底部。这个底部可以是阶段底部，也可以是行情底部。第二根阳线的实体越长，深入前一根阴线的实体越多，形态的标准度和可靠度也就更高。

K 线图中的 K 线形成曙光初现形态后，KDJ 指标若同时转折向上，那么形态的买入信号就可以得到确认，投资者可以在此位置轻仓入场，再根据后市股价的走向来决定何时卖出。

下面来看一个具体的案例。

实例分析

福立旺（688678）曙光初现与 KDJ 指标转折的结合

图 4-4 为福立旺 2022 年 3 月到 7 月的 K 线图。

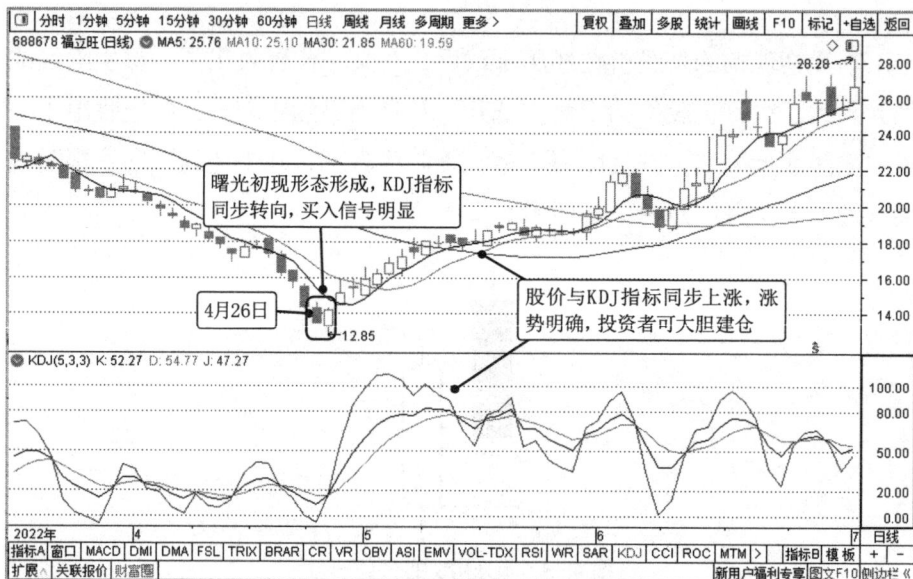

图 4-4　福立旺 2022 年 3 月到 7 月的 K 线图

从图 4-4 中可以看到，福立旺正处于下跌趋势向上转向的过程中。从 3 月开始，股价就一直在下跌，30 日均线和 60 日均线一同压制在股价上方，使股价呈现稳定的下滑走势。

伴随着股价的持续下跌，KDJ 指标也从 50 线附近向下运行，逐渐来到了 20 线附近，并围绕 20 线形成了钝化。

4 月中旬，股价在 18.00 元价位线附近得到支撑后横盘了几个交易日，但最终还是快速收阴，向下加速跌落。4 月 26 日，股价以平价开盘后，横向震荡了一段时间，下午时段开盘后快速向下滑落，最终以 5.88% 的跌幅收出了一根大阴线。

次日，股价以 13.30 元的低价开盘，开盘后便向下滑落，触底回升后很快上涨，最终以 5.58% 的涨幅收出了一根大阳线。股价当日的波动幅度接近 6.77%，K 线实体相对较大。

将这两个交易日的 K 线结合来看，两根 K 线的实体都比较大，第二根阳线是低开的，并且收盘价深入阴线内部，远远超过了其实体的一半以上，形成了一个非常标准的曙光初现形态。

就在曙光初现形成的同时，KDJ 指标中的 J 线直接下穿到了 0 线以下，并向上形成了转折，另外两条线紧随其后向上拐弯，与股价同步上扬，发出了非常强烈的买入信号。此时，激进的投资者可以先行建仓，谨慎的投资者则可以继续观察股价未来的走势。

从 4 月底开始，股价上涨的速度非常快，一路上穿 5 日均线、10 日均线乃至 30 日均线，并带动这三条均线向上转向，上涨走势已经非常明显。与此同时，KDJ 指标也迅速来到了 80 线附近，形成了钝化，这意味着股价的涨势不减，此时还在观望的投资者可以大胆买进了。

4.1.3　前进三兵+KDJ 指标上扬或高位钝化

前进三兵是由三根连续阳线构成的，因此也被称为红三兵。

构成前进三兵形态的三根 K 线都需要是阳线，并且开盘价和收盘价都要依次高于前一根阳线，呈现阶梯式向上前进的状态。其中，每一根阳线的开盘价都尽量位于前一根阳线的实体之内，或是在其附近的位置，这样才能实现阶梯的连续。

前进三兵形成的位置与前面介绍的两个形态不同，它并不一定出现在底部，反而更可能出现股价触底回升后上涨的过程之中，这样的形态意味着拉升的持续和涨势的确认。

不过，前进三兵形成后并不意味着股价依旧会保持着上涨，后面两根阳线的细微不同，会导致整个形态发出的信号产生变化。这样的细微变动导致前进三兵形成了另外两种衍生形态，即升势受阻和升势停顿。

图 4-5 为前进三兵的标准形态和两种衍生形态。

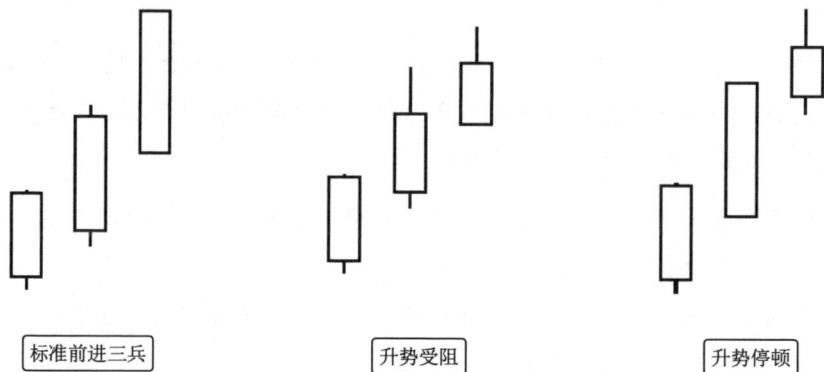

| 标准前进三兵 | 升势受阻 | 升势停顿 |

图 4-5 前进三兵的标准形态和两种衍生形态

从图 4-5 中可以看出，在前进三兵的升势受阻形态中的第二根和第三根阳线，表现出了上涨速度减弱的迹象，并且上影线较长，说明上方压力较重，前方涨势受阻。

而在前进三兵的升势停顿形态中，第二根阳线向上创出了新高，但第三根阳线仅仅形成了一个小实体，上影线较长，说明场内抛压突然加重，前方涨势停顿。

从本质上来看，这三种形态都是前进三兵，只不过发出信号的强度有所不同。

标准前进三兵形成后，股价大概率会保持上涨。在该形态形成后，如果 KDJ 指标能保持上扬，或是在高位形成钝化，那么股价的涨势就会比较确定，投资者可以建仓买入。

而升势受阻和升势停顿形态形成后，后市股价可能会面临一定程度的回调或下跌。此时的 KDJ 指标可能会脱离钝化区域，或是从上扬状态中转折向下，发出后市下跌的预警，遇到这样的情况，投资者短时间内就不要再介入了。

下面来看一个具体的案例。

实例分析

海源复材（002529）标准前进三兵与 KDJ 指标上扬的结合

图 4-6 为海源复材 2021 年 7 月到 11 月的 K 线图。

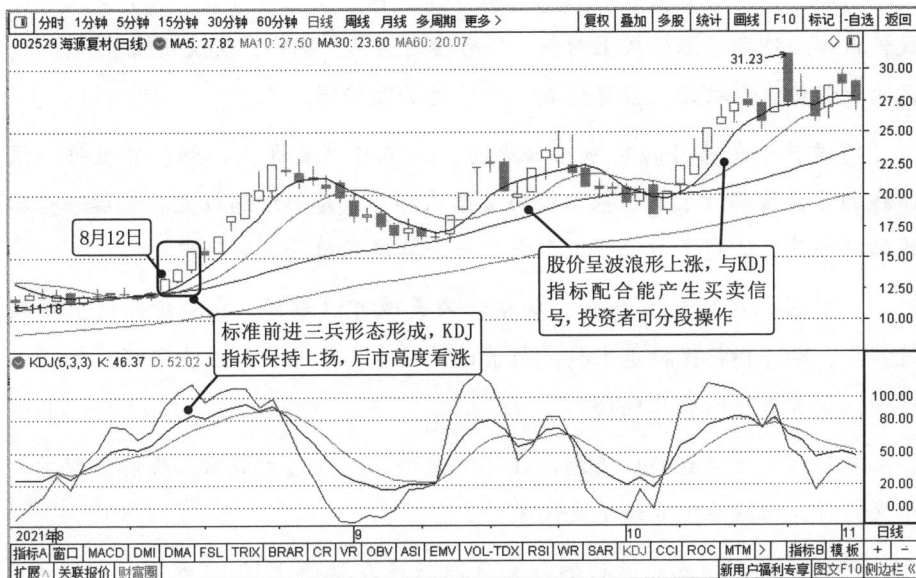

图 4-6　海源复材 2021 年 7 月到 11 月的 K 线图

从图 4-6 中可以看到，海源复材正处于上涨行情之中。7 月底到 8 月初，股价在 12.50 元价位线附近形成了横向的整理。但从均线组合的状态可以发现，30 日均线和 60 日均线都承托在股价下方，稳定上扬，这说明股价涨势还未结束。

8 月中上旬，股价开始缓慢向上攀升，KDJ 指标也逐步从 20 线附近向上移动，靠近了 80 线。

8 月 12 日，股价以低价开盘后震荡了一段时间，13:30 以后，股价突然加速上冲，半个小时内直逼涨停，但最终还是小幅回落，以 9.05% 的涨幅收出一根大阳线。

凭借这根大阳线，股价加快了上涨速度，并直接越出了均线组合，运行到其上方。

次日，股价以低价开盘，开盘后数分钟内就连续上冲，触顶回落后小幅震荡，最终以 5.83% 的涨幅再次收出一根阳线。

再往后一个交易日，股价以平价开盘，在产生连续且大幅度的震荡后，股价最终上冲到了涨停板上封住。在后续的交易时间内，仅仅开板了数分钟，又再次封板直至收盘，当日形成了一根光头大阳线。

将这三个交易日的 K 线结合来看，三根 K 线都是大阳线，并且每一根阳线的开盘价都位于前一根阳线的实体内部，或是附近的位置。最后一根阳线的涨幅甚至达到了 10.04%，形成了一个标准的前进三兵形态。

此时再来观察 KDJ 指标，从指标的表现可以看到，在股价连续上冲的过程中，KDJ 指标保持着上扬，与前进三兵形态结合，释放出了强烈的买入信号，投资者可以在此建仓。

从后续的走势也可以看到，在标准前进三兵形态形成后，股价整理了一个交易日，但随后便开始了更快速的上涨。

同时，KDJ 指标在运行到超买区以后还在接连上扬，J 线连续突破 100 线，并长时间位于 100 线上方，另外两条指标线则非常靠近 100 线。这说明股价短时间内的涨势非常积极，投资者保持持有，就能在数个交易日内获得非常不错的收益。

8 月下旬，股价上冲到 25.00 元价位线附近后受到压制，开始进行回调。此时，KDJ 指标在超买区域内迅速拐头向下，形成一个死亡交叉，这预示着股价即将进入下跌，投资者可在此积极卖出，将收益兑现。

从后续的走势来看，在 30 日均线和 60 日均线的承托下，股价呈波浪形向上攀升，期间形成了多个类似于前进三兵的形态，但都不标准。不过将这些形态与 KDJ 指标结合起来，依旧能够发出积极看涨的信号，中短线投资者可以分段操作，将每一段收益收入囊中。

4.1.4　V 形底+KDJ 指标金叉

K 线图中的 V 形底并不是由简单几根 K 线构成的，它的构筑需要经历一段较长的时间（这里的较长时间只是相较于前面三个形态而言），一般来说，V 形底的构筑时间在一个月以内。

首先，股价会在下跌过程中形成加速下探的走势，在价格触底后快速向上拉升，进而形成一个尖锐的底部，因此 V 形底有时候也被称为尖底，如图 4-7 所示。

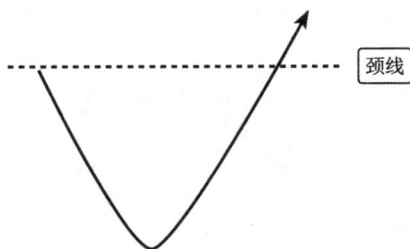

图 4-7　V 形底的 K 线形态

由于构筑时间的拉长，为了准确判断形态的成立时间，为其设置了一条颈线。

V 形底的颈线是以股价加速下探的起始位置为基点，水平延伸后形成的一条线，这就是形态的关键压力线。一旦股价拉升并有效突破这条颈线后，形态就可以宣告成立，买点也就出现了。

一般来说，当股价突破这条压力线后会有一个回踩的动作，当其踩到颈线确认下方支撑力后，会再次向上攀升。

在这个过程中，观察 KDJ 指标可以发现，在 V 形底触底回升的过程中，KDJ 指标首先会形成一个黄金交叉。待到股价突破颈线回踩后再度上升时，指标如果能够形成又一个金叉（不一定是二次金叉），并且位置比 V 形底底部的金叉高的话，那么二者结合起来，对股价涨势的判断就会比较可靠，投资者可以在又一次金叉形成的位置买进。

下面来看一个具体的案例。

实例分析

科华数据（002335）V形底与KDJ指标金叉的结合

图 4-8 为科华数据 2022 年 3 月到 7 月的 K 线图。

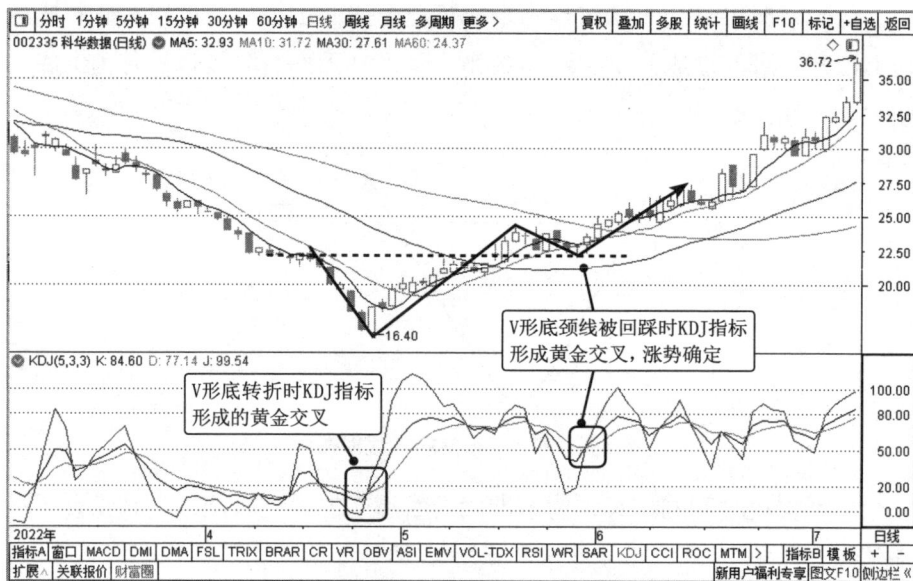

图 4-8　科华数据 2022 年 3 月到 7 月的 K 线图

从图 4-8 中可以看到，科华数据正处于下跌行情的底部。从 3 月开始，股价就在不断下跌，均线组合覆盖在股价上，将其压制向下。股价在下跌过程中形成了多次小幅的反弹，但都未能成功突破均线的压制。

与此同时，KDJ 指标跟随产生了小幅震荡，但最终还是跟随向下，滑落到了超卖区以内，随后形成了钝化。

4 月初，股价下跌至 22.50 元价位线附近后暂时止跌，进行了短时间的横盘。但在 4 月中旬，股价突然再次加速下跌，很快便跌破 20.00 元价位线，于 4 月底创出 16.40 元的新低。

就在触底的当日，股价大幅回升，收出一根大阳线，完全吞没了前一根阴线，形成了一个阳包阴的形态，随后股价开始向上攀升。股价上涨速度较快，与前期的突然下跌结合起来，形成了一个尖锐的 V 形底。

此时来观察 KDJ 指标，在股价加速下跌的过程中，KDJ 指标再次运行到了超卖区以内。就在阳包阴形成后，指标线迅速向上转折，在 20 线以下形成了一个向上的黄金交叉，随后便在股价连续上涨的带动下来到了 80 线附近，J 线上冲到了 100 线以上。

可以看到，V 形底的雏形已经出现，其颈线在 22.50 元价位线附近，只要股价突破这条线，并在回踩后确认压力再次上升，V 形底形态就可以宣告成立了。

继续来看后面的走势。5 月中旬，股价在上涨至颈线附近后涨势减缓，横盘数日后继续上涨，成功冲破了颈线的压制。随后，股价在上涨接近 25.00 元价位线附近时受到阻碍，拐头进行回踩。5 月底，股价回踩至颈线附近，得到支撑后小幅震荡，最终还是继续向上攀升。

此时来观察 KDJ 指标的走向，在股价突破颈线的过程中，因为涨速有所减缓，所以 KDJ 指标在 80 线附近形成了钝化。当股价成功突破颈线并开始回踩时，KDJ 指标小幅上升到了 80 线附近，其中 J 线越过了 80 线，但 KDJ 指标很快便拐头向下，直接跌破了 50 线的支撑，向下运行。

不过，伴随着股价在颈线上的止跌回升，KDJ 指标也迅速转折向上，并在股价再次攀升的过程中，向上形成了一个黄金交叉，更加确定了行情的涨势，此时一直保持观望的投资者就可以大胆买进了。

从后续股价的走势和 KDJ 指标的表现也可以看出，在 5 月之后，股价一直维持着上涨，尽管期间有所震荡，但是均线组合提供了强有力的支撑，短时间内股价还能够保持着上涨走势。

KDJ 指标在后续随着股价的上扬而长时间运行于 50 线到 80 线的区间内，并在此区间内形成了钝化。这就意味着股价的涨势稳定，投资者可以适当加仓或是保持持有。

4.1.5 双重底+KDJ 指标多次金叉

双重底形态指的是股价在下跌至某一位置后形成反弹，但在反弹过程中遇到某一条压力线后滞涨回落，跌落到上一个低点附近后再次上涨，并在后续直接突破前期压力线，最终形成一个类似于"W"的底部形态，所以双重底有时候也被称为 W 底，如图 4-9 所示。

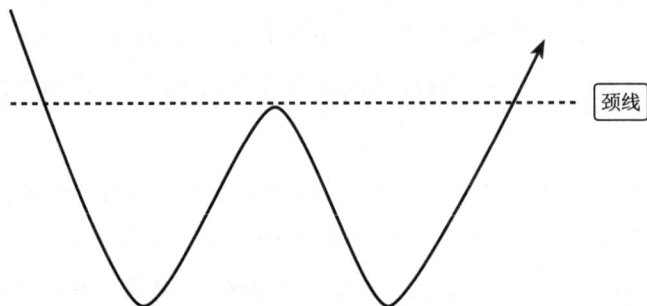

图 4-9　双重底的 K 线形态

与 V 形底类似，双重底形态也是需要长时间构筑的一种底部形态，并且它也具有颈线，当其颈线被彻底突破时，形态就可以宣告成立，买点就此形成。

不过需要注意的是，双重底在形成过程中，两个波谷相隔的距离最好在一个月以上，这样才能确认形态的可靠性。

KDJ 指标与双重底的结合，主要体现在相应位置的多次金叉上。从双重底的形态可以看到，它具有两个基础的波谷，并且股价在突破颈线后还可能会出现回踩，形成又一个波谷。

如果 KDJ 指标能够在这三个波谷形成的同时，积极向上转折产生黄金交叉，那么就能够确定双重底形态的稳定性，并加强信号强度，投资者买进的风险也会有所降低。

下面来看一个具体的案例。

实例分析

方大集团（000055）双重底与 KDJ 指标金叉的结合

图 4-10 为方大集团 2018 年 9 月到 2019 年 2 月的 K 线图。

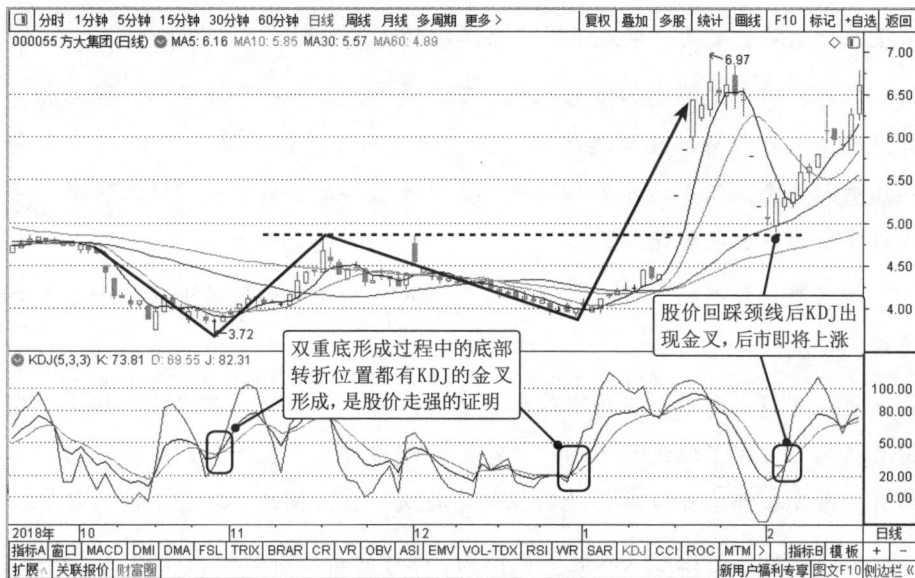

图 4-10　方大集团 2018 年 9 月到 2019 年 2 月的 K 线图

从图 4-10 中可以看到，方大集团正处于下跌行情的底部。在 2018 年 9 月，股价还在 4.75 元价位线附近横向盘整。10 月初，股价开始快速下跌，一直跌至 4.00 元价位线附近，随后围绕该价位线反复震荡，在创出 3.72 元的新低后，股价开始向上攀升。

与此同时，KDJ 指标向上转折，形成了一个黄金交叉，完成了第一次对股价涨势的确认。

11 月中旬，股价一路上涨至 5.00 元价位线下方，在此位置受阻后拐头回落，进入下跌之中。在随后的下跌过程中，股价又一次上冲，但并未成功突破前期高点，只能转入下跌，一直跌到 4.00 元价位线附近后才止跌横盘，此时已经是 12 月底。

数个交易日后，股价重整旗鼓开始上升，逐渐朝着前期压力线靠近。此时来观察 KDJ 指标，可以发现在股价长时间的下跌过程中，KDJ 指标运行到了 20 线附近，并形成了钝化。

但在股价再次上涨的过程中，KDJ 指标脱离钝化区域迅速向上转折，形成了又一个黄金交叉，确定了股价第二次的上涨走势。

此时，双重底形态的雏形已经出现，两个波谷和一个波峰都已经形成，并且两个波谷相隔的距离远超一个月。颈线的位置就是股价在 11 月中旬受到压制的位置，在 4.85 元价位线附近，只要股价能够成功突破这条颈线，那么双重底的形态也就成立了。

继续来看后面的走势。2019 年 1 月上旬，股价还维持着上涨，但是上涨速度比较缓慢。

进入 1 月中旬后，股价突然形成了连续的一字涨停，涨速骤然加快，股价直接向上突破了颈线的压制，并在短时间内没有产生回踩，而是一路向上攀升，最高来到了 6.97 元，此后涨势才减缓，股价横盘整理有下跌的趋势。

KDJ 指标此时已经深入超买区以内，并伴随着股价的横盘开始向下转折。此时，双重底形态已经形成，虽然短时间内股价没有产生回踩，但其积极的涨势正是行情强势的证明。

不过，由于股价连续上冲后，已经有了明显的阶段见顶迹象，投资者此时可以不着急买进，等待股价回调到底部再建仓。

从后续的走势可以看到，1 月底股价形成连续的一字跌停，很快便跌到了 5.00 元价位线附近，并且其低点刚好回踩在双重底的颈线上。股价在此止跌后立刻回升，开始迅速上涨。此时，KDJ 指标也立刻拐头向上，形成了一个黄金交叉。

回踩到来，KDJ 指标的第三个黄金交叉也已经形成，后市看涨的信号更强烈了，此时投资者可以买进。

4.2 K 线卖出形态与 KDJ 指标分析

　　K 线图中 K 线的卖出形态与 KDJ 指标结合的分析，是投资者研判卖点的关键技术分析方法。毕竟在寻找到合适的买点后，投资者还需要确定一个恰当的卖点，才能将收益扩大。

　　与买入形态类似，K 线的卖出形态也包含多种。比如由两根 K 线构成的阴包阳、乌云盖顶，以及需要长时间构筑的倒 V 形顶、双重顶等形态，下面就来逐一了解。

4.2.1 阴包阳+KDJ 指标转向

　　阴包阳指的是股价在经历一段时间的上涨后，首先形成一根或者多根阳线，在其之后突然收出了一根中阴线或是大阴线，将前面的一根或者多根阳线的实体彻底吞没。

　　图 4-11 为阴包阳的两种 K 线形态。

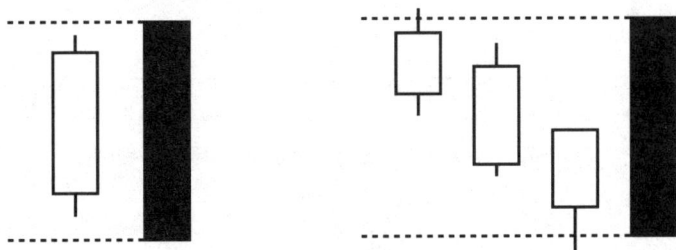

图 4-11 阴包阳的两种 K 线形态

　　当阴包阳在上涨行情的顶部或阶段顶部形成时，若 KDJ 指标也有明显的向下转折迹象，就意味着多方推涨力度已经衰竭，空方占据绝对优势，开始向下拉低股价。并且形态的阴线实体越长，将阳线吞没得越深，KDJ 指标转折的速度越快，二者结合的看跌信号就越强。

　　伴随着后期抛压的增长，股价未来下跌的空间可能会比较大，投资者最好在发现该形态形成后，就迅速出局观望。

下面来看一个具体的案例。

实例分析

中成股份（000151）阴包阳与 KDJ 指标转折的结合

图 4-12 为中成股份 2022 年 4 月到 8 月的 K 线图。

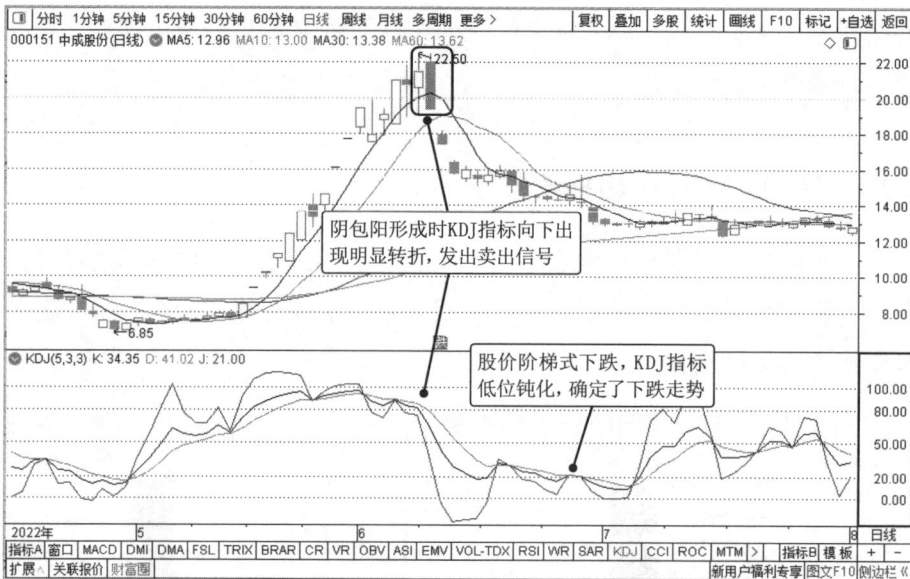

图 4-12　中成股份 2022 年 4 月到 8 月的 K 线图

从图 4-12 中可以看到，中成股份正处于上涨行情的顶部。在 4 月下旬，股价形成一次加速下探的走势后，便创出了 6.85 元的阶段新低，随后开始了上涨走势。

股价越到后期涨速越快，到 5 月中旬时，更是以连续涨停开启了向上拉升的积极涨势。在一个月不到的时间内，股价就从 8.00 元价位线附近一路上冲到了 20.00 元价位线附近。

随后，股价在此位置受到了一定的压制，形成了调整，但很快又再次向上攀升，只不过这一次上涨的速度慢了很多。

此时来看 KDJ 指标的运行情况，在股价上涨的过程中，指标不断上行，一路突破到了 80 线以上，并在超买区以内形成了钝化，说明股价涨势依旧稳定。

数日后，股价突破了 22.00 元价位线，并创出了 22.50 元的新高。就在创出新高的当日，股价冲高回落，最终以 3.67% 的涨幅收出了一根带长影线的阳线。

次日，股价以 22.00 元的高价开盘，但在开盘后就快速向下跌落。盘中形成了长时间的震荡，最终于尾盘时跌停，当日收出一根跌幅达到 10.02% 的大阴线。

将相邻两日的 K 线结合起来看，前一日的阳线实体完全被纳入了第二日阴线的实体内部，并且第二根阴线是一根跌停大阴线，二者形成了一个非常标准的阴包阳形态。

此时来观察 KDJ 指标的状态，可以发现就在股价形成大阴线的当日，KDJ 指标的三条指标线都出现了明显的向下转折的情况，并且是在 80 线附近形成的。

结合阴包阳形态，投资者基本可以判断，股价在短时间内将面临一波下跌，明确的卖出信号形成。再加上前期实现的涨幅已经足够，无论是在上涨初期买进，还是在拉升过程中追涨的投资者，此时卖出大多都能获得一定的收益。

从后续的走势也可以看到，在阴包阳形成后，股价再次跌停了一个交易日，随后在 16.00 元价位附近得到支撑，横盘了一段时间。KDJ 指标迅速从超买区向下坠落，一路来到了 20 线附近。

在此之后，股价呈阶梯式一步一步下跌，KDJ 指标也在 20 线附近形成了钝化，这意味着在短时间内股价跌势不减，后市高度看跌，此时还未离场的投资者要抓紧时间了。

4.2.2 乌云盖顶+KDJ 指标转向

乌云盖顶指的是股价在上涨了一段时间后，在某一位置先行收出一根中阳线或是大阳线，次日股价跳空高开，但最终收出了一根大阴线，阴线实体向下，深入阳线实体近一半的位置，如图 4-13 所示。

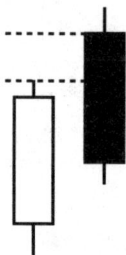

图 4-13　乌云盖顶的 K 线形态

当乌云盖顶形态形成于阶段顶部或是行情顶部时，KDJ 指标又同步产生向下的转折，就说明市场中多空双方的位置发生了对调。多方优势不再，空方开始扭转局势，卖盘不断增加，抛压逐渐强大，短时间内股价看跌。中短线投资者可以在形态出现后就尽快卖出，尽量避开即将到来的下跌。

下面来看一个具体的案例。

实例分析

信达地产（600657）乌云盖顶与 KDJ 指标转折的结合

图 4-14 为信达地产 2022 年 2 月到 6 月的 K 线图。

从图 4-14 中可以看到，信达地产正处于上涨行情的顶部。2 月到 3 月中旬，股价还围绕着 4.00 元价位线附近震荡。从均线的状态可以发现，在此阶段，股价其实还有缓慢向上攀升的趋势。

这样的走势一直持续到 3 月中下旬，随后股价突然连续收阳上涨，开始了急速的拉升，短时间内就从 4.00 元附近冲到了 8.00 元以上，实现了翻倍的上涨。

4 月 1 日，股价以高价开盘后震荡了一段时间，随后快速下跌。盘中止跌回升后又迅速上冲，最终以涨停收盘，形成一根涨幅达到 10.05% 的大阳线。

次日，股价跳空高开，但在开盘后就形成了反复的震荡。下午时段开盘后，股价接连上冲，触顶后开始回落，当日最终以 5.10% 的跌幅收出了一根大阴线。

将这两个交易日的 K 线结合起来看可以发现，第二根阴线的开盘价高于前一根阳线的收盘价，收盘价也高于前一根阳线的开盘价，二者呈现错落状态。再加上阴线实体深入阳线内部，远远超过了一半的位置，由此判断此处形成了一个乌云盖顶形态。

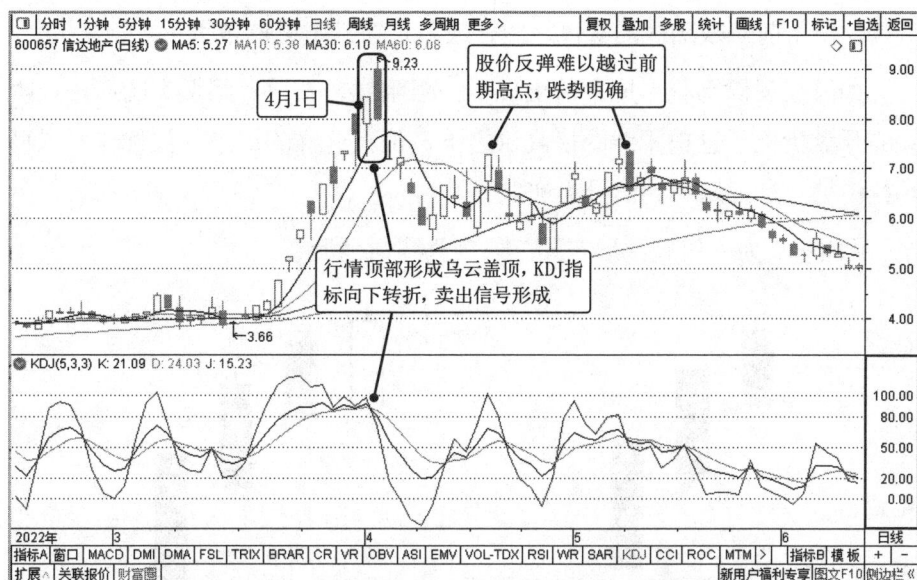

图 4-14 信达地产 2022 年 2 月到 6 月的 K 线图

此时再来观察 KDJ 指标，在股价上冲的同时，KDJ 指标就已经跟随其从 50 线附近一路上穿到了超买区以内，并形成了钝化。

但就在大阴线形成的当日，KDJ 指标迅速脱离钝化区域向下转折，并形成了一个在超买区域内的死亡交叉，二者同时发出了强烈的卖出信号。无论投资者此时的利润有多少，都应该及时出局，保住收益。

从后期的走势也可以看到，在这根大阴线出现后，股价又形成了一个倒 T 字形跌停，随后一路下滑，直至在 6.00 元价位线附近得到支撑后，开始反弹。但投资者可以看到，反弹的高点离行情的高点还有一段距离，此时还未离场的投资者最好借助这些反弹的高点卖出，场外投资者最好继续保持观望。

4.2.3　三只乌鸦 +KDJ 指标下滑

三只乌鸦是由 3 根连续的阴线构成的。每一根 K 线的开盘价和收盘价都需要依次低于前一根阴线，呈现错落下跌状态。同时每一根阴线的开盘价都要位于前一根阴线的实体之内，或者是在其附近的位置上。

如果在三只乌鸦形成之前出现了一根阳线，三只乌鸦形态的第一根阴线的开盘价位于这根阳线的最高价之下，那么这样的形态就被称作三只乌鸦挂树梢，是三只乌鸦信号的加强版。

图 4-15 为三只乌鸦形态和三只乌鸦挂树梢形态。

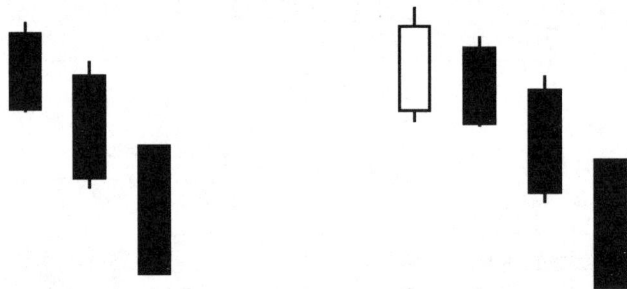

图 4-15　三只乌鸦形态（左）和三只乌鸦挂树梢形态（右）

一般来说，三只乌鸦形态会出现在股价连续下跌的过程中，而三只乌鸦挂树梢形态则常出现在阶段顶部或是行情顶部。

两种形态都是后市下跌的预兆，如果 KDJ 指标能在这两种形态出现时形成同步下跌的走势，股价后续的跌势就比较确定，投资者宜尽早出局。

下面来看一个具体的案例。

实例分析

志邦家居（603801）三只乌鸦与 KDJ 指标下行的结合

图 4-16 为志邦家居 2022 年 5 月到 8 月的 K 线图。

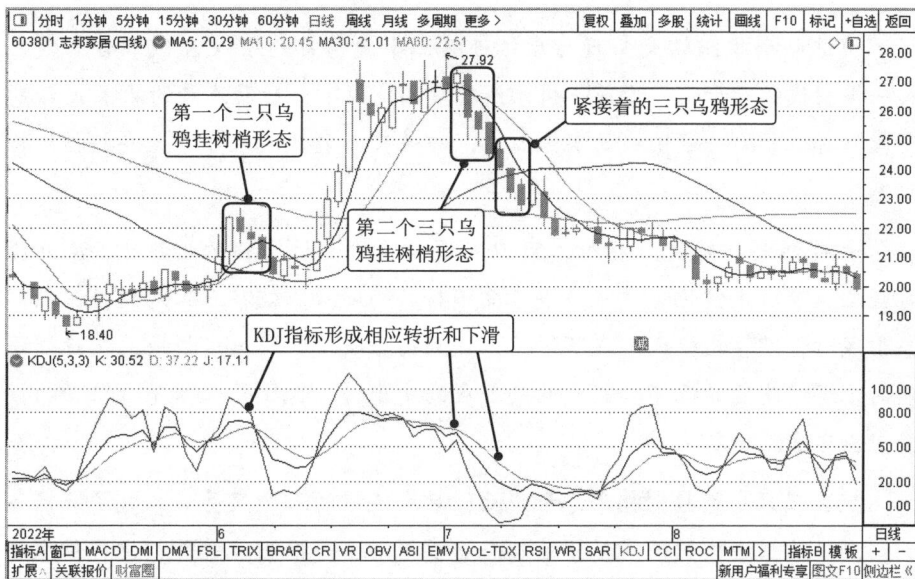

图 4-16 志邦家居 2022 年 5 月到 8 月的 K 线图

从图 4-16 中可以看到，志邦家居正处于上涨走势向下转势的过程中。从 5 月中上旬开始，股价在创出 18.40 元的阶段新低后就触底回升，开始不断向上震荡上涨。

5 月底，股价在一次快速上升后，来到了 22.00 元价位线上方，但就在股价冲上该价位线的次日，就收出了一根向下的阴线。后面连续的两个交易日，也都是收阴下跌的，与第一根阳线结合来看，共同构成了三只乌鸦挂树梢形态。

与此同时，KDJ 指标向下转折，形成了死亡交叉，这意味着股价进入了回调，短线投资者可以先行卖出。

从后续的走势可以看到，股价此次回调的幅度并不大，很快便在 30 日均线上受到支撑，再次向上攀升。

后续股价的上涨速度非常快，在数个交易日内就冲上了 27.00 元价位线，随后便在该价位线上受到了压制，开始横向震荡。股价于 7 月初创出 27.92 元的新高后，又收阳了一个交易日，但之后还是快速向下跌落。

将这一个收阳的交易日与后续连续三个交易日的下跌 K 线结合来看，第一根阴线的开盘价位于前一根阳线的最高价以下，后面连续的两根 K 线的开盘价都位于前一根阴线的实体以内，四根 K 线再次构成了三只乌鸦挂树梢形态。

此时再来观察 KDJ 指标，可以发现在股价高位震荡的过程中，KDJ 指标就已经形成了钝化，并且有逐步向下转移的趋势。就在三只乌鸦挂树梢形态形成时，KDJ 指标已经在下滑了，并且由于股价收阴速度较快，指标线还同时出现了明显的向下转折。此处形成的卖出信号也比较强烈了，机警的投资者应当立刻出局。

就在三只乌鸦挂树梢形态形成后，后面连续的三个交易日又成了三只乌鸦形态。三根连续的阴线呈错落状态逐步下滑，每根阴线的开盘价都位于前一根阴线的实体以内或附近的位置上。

该形态紧接着三只乌鸦挂树梢形态出现，发出了连续下跌的警告，这意味着还未离场的投资者应立刻出局。

4.2.4　倒 V 形顶+KDJ 指标死叉

倒 V 形顶与 V 形底相对应，其技术形态就是 V 形底的反转，也就是股价在快速上涨触顶后再快速下跌，在急涨急跌后形成一个尖锐的顶部形态，因此也被称为尖顶，如图 4-17 所示。

倒 V 形顶也存在一条颈线，即股价开始上冲的位置，将其作为基点水平延伸后，就形成了一条支撑线。若股价一路下跌跌破这条支撑线，并在回抽后确认了上方的压力，那么其再次的下滑就可能会一去不返，未来的反弹很难再越过这个高点。

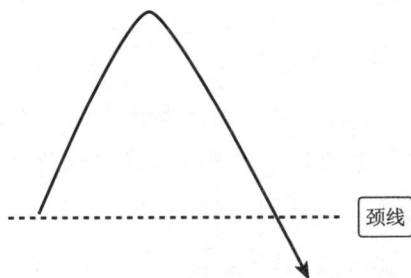

图 4-17　倒 V 形顶的 K 线形态

如果 KDJ 指标在倒 V 形顶形成的过程中，在转折的顶部形成一个死亡交叉，又在股价回抽颈线后下跌的过程中再形成一个死亡交叉，就能进一步确定形态的可靠性。

如果股价跌势太猛，后续没有形成有效回抽，或者回抽幅度非常小，那么 KDJ 指标很有可能不会形成又一个死亡交叉，而是会持续下行，在低位形成钝化，这依旧能够确定股价的跌势。遇到这两种情况后，投资者更要坚定及时出局的决心，以保住收益，降低损失。

下面来看一个具体的案例。

实例分析

国新健康（000503）倒 V 形顶与 KDJ 指标死叉的结合

图 4-18 为国新健康 2021 年 11 月到 2022 年 3 月的 K 线图。

从图 4-18 中可以看到，国新健康正处于上涨行情的顶部。从 2021 年 11 月开始，股价就在持续上涨。由于其涨势较为稳定，KDJ 指标很快便运行到超买区以内，并围绕 80 线形成了钝化。

12 月下旬，股价在突破 14.00 元价位线后涨势暂缓，形成了短时间的横盘。数日后，股价整理完毕，开始快速上冲，大部分时间都收出了大阳线，很快便于 2022 年 1 月初来到了 20.00 元价位线上方，并形成了 21.56 元的最高价。

但在股价创出新高的次日就收阴形成了下跌。同一时间，原本在超买区内形成钝化的 KDJ 指标迅速拐头向下，形成了一个高位的死亡交叉。随着股价的快速下跌，KDJ 指标持续下行。

此时倒 V 形顶形态已经出现了，其颈线大概在股价又一次开始上冲的位置，也就 14.00 元价位线附近。只要股价跌破该价位线，那么后续可能都会受到该价位线的压制，进而难以反弹。

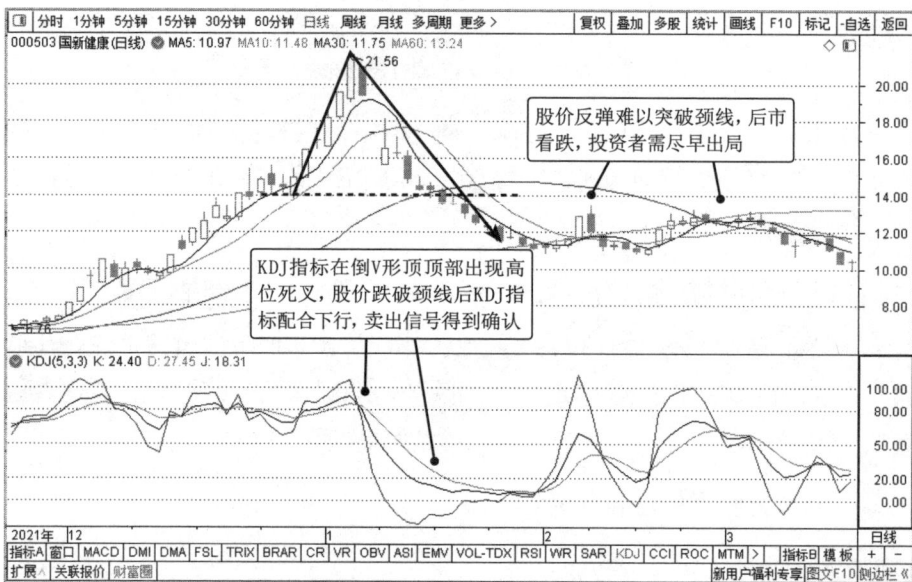

图 4-18　国新健康 2021 年 11 月到 2022 年 3 月的 K 线图

从后续的走势可以看到，1 月中旬，股价跌至 14.00 元价位线附近后跌速稍缓，但在数日后加速向下，彻底跌破了该价位线，并且短时间内没有形成明显的回抽。

KDJ 指标随之运行到了 20 线以下，并伴随着股价的持续下跌而形成了低位的钝化，进一步确定了下跌的行情，此时还未离场的投资者要果断抛出手中持股了。

在此之后，股价在 12.00 元价位线附近形成震荡，期间产生了多次反弹，但反弹的高度都未能突破 14.00 元，证明了该价位线的压制力，被套的投资者可以在这些反弹的高位卖出。

4.2.5　双重顶+KDJ 指标死叉

双重顶指的是股价在上涨过程中遇到阻碍后进行了回调整理，在某一位置得到支撑后再次上扬，当其上涨至前期高点附近时再次受阻下跌，最终跌破支撑位，一路下滑，如图 4-19 所示。

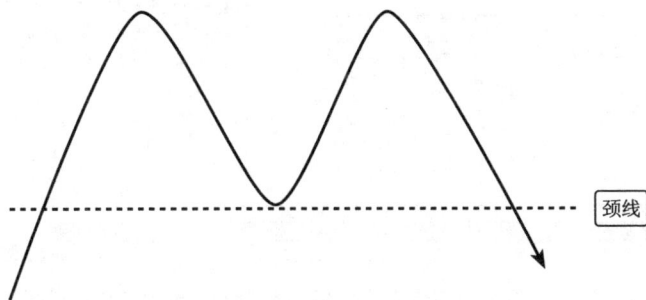

图 4-19　双重顶的 K 线形态

双重顶的颈线就是第一次回调时受到支撑的位置，它是形态的关键支撑线。当股价第二次下跌跌破这条线后一路下滑，或是下跌一段距离后回抽不破，都可以视作形态成立。

KDJ 指标在其中的作用就是确认股价的下跌走势。若 KDJ 指标能在双重顶的两个或三个波峰（回抽的波峰）的位置形成相应的死亡交叉，那么双重顶形态的形成将会更加清晰和可靠。

下面来看一个具体的案例。

实例分析

迎驾贡酒（603198）双重顶与 KDJ 指标死叉的结合

图 4-20 为迎驾贡酒 2021 年 11 月到 2022 年 4 月的 K 线图。

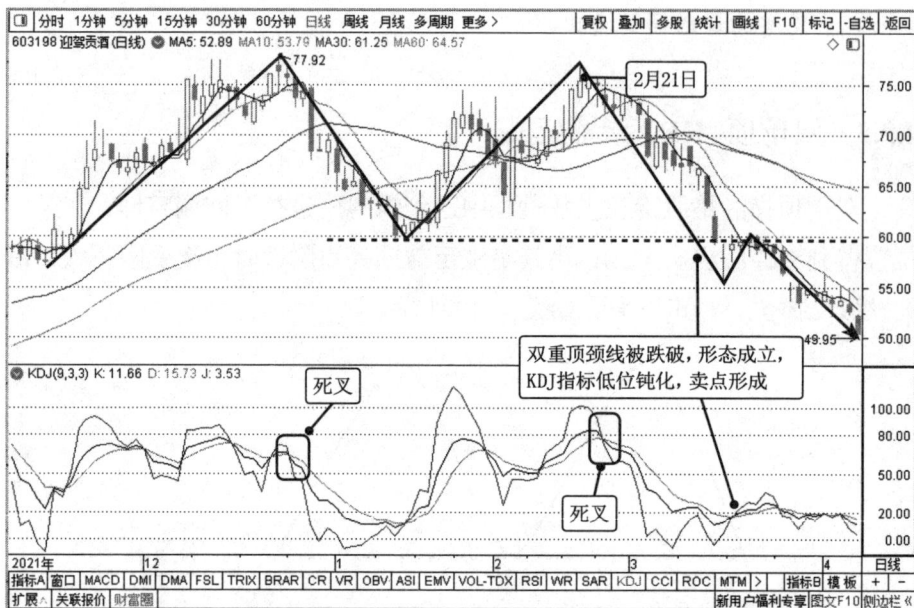

图4-20 迎驾贡酒2021年11月到2022年4月的K线图

从图4-20中可以看到，迎驾贡酒正处于上涨行情的顶部。在2021年11月上旬，股价还在60.00元价位线下方进行整理，直到进入11月下旬后才再度开始上涨。

在经历了反复的震荡和盘整后，股价最终于12月上旬来到了75.00元价位线附近。KDJ指标在其带动下来到了高位，并形成了钝化。

在该价位线处受到压制后，股价横盘震荡，12月23日股价创出77.92元的新高后，拐头进入下跌之中。与此同时，KDJ指标很快脱离钝化区域，拐头向下形成一个死叉后持续下滑。

这一波的下跌幅度较大，股价很快从75.00元价位线以上下跌至60.00元价位线附近，在此位置得到了有力的支撑，横盘数日后就再次向上攀升，进入了又一波的上涨。

2022年1月中旬到2月中旬，股价在上升过程中产生了比较强烈的震荡，但其回调的低点始终没有跌破60.00元价位线的支撑，整体来看依旧是向上的。KDJ 指标在此期间也形成了数次转折，但最终还是跟随上涨的股价来到了 80 线附近。

2 月中下旬，股价上涨越过 75.00 元价位线后靠近了前期高点，但在 2 月 21 日达到 76.77 元的高价后就进入了下跌之中。KDJ 指标也同步向下转折，并在数日后形成了一个死亡交叉。

此时，双重顶的雏形已经能够看出了，两个波峰和一个波谷都已经出现，颈线的位置也得到确定，就在 60.00 元价位线附近。只要股价后续跌破这条颈线，那么形态就能够成立。

继续来看后面的走势。股价从 2 月中旬再次见顶之后，就一路下滑，3 月中旬跌破了 60.00 元价位线的支撑，并在后续进行了小幅度的回抽，在确认了上方的压力后再度下滑，构筑出了一个完整的双重顶形态。

由于股价回抽幅度太小，几乎只是沿着颈线横盘了一段时间，因此 KDJ 指标并未向上形成有效的反弹，而是在 20 线附近形成了钝化。这样的状态依旧能够帮助投资者确认行情的跌势，此时卖点出现了，投资者应积极抛售持股。

4.3　KDJ 指标与 K 线整理形态

K 线的整理形态指的是股价在朝着某一方向运行的过程中形成的一种中继形态，往往是股价涨势或跌势减缓，市场借此交换浮筹的过程，后市依旧会延续前期走势。

KDJ 指标与整理形态的结合，能够在一定程度上帮助投资者确定突破点和突破方向，进而快速抓住买卖点。

4.3.1　三角形整理形态与 KDJ 指标

三角形整理形态是非常常见的一种整理形态，主要包括直角三角形整理形态和等腰三角形整理形态，如图 4-21 所示。

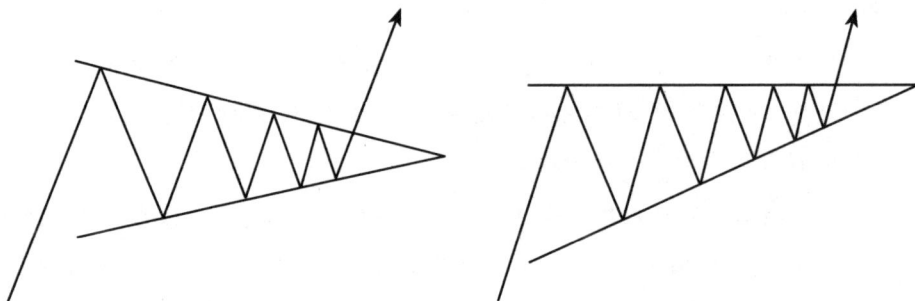

图 4-21 等腰三角形整理（左）与直角三角形整理（右）在上涨趋势中的形态图解

虽然两种三角形整理形态都是分别连接股价震荡过程中的高点和低点形成的，但从图形上可以看出二者的差异。

等腰三角形整理形态的两条边线都是倾斜的，也就是说，股价在震荡过程中的高点不断下移，低点也在不断上移，振荡频率逐渐增高，最终在某一位置彻底突破形态边线，脱离整理区域。这样的形态在上涨和下跌行情中都有可能出现。

直角三角形整理形态则需要形态的某一条边线几乎呈水平状态。其中，上边线水平的称作上升三角形整理形态，大多形成于上涨行情之中。该形态中股价的低点是上移的，上方存在一条压力线，若股价能突破压力线脱离整理区域，上升三角形整理形态就形成了。

下边线水平的被称为下降三角形整理形态，一般出现在下跌行情之中。该形态中股价的高点在下移，下方存在一条支撑线，若股价跌破支撑线，那么下降三角整理形态也能形成。

KDJ 指标在这些形态构筑的过程中可能会形成频繁的波动，参考意义不大，但当形态运行到末期，股价产生方向性突破时，KDJ 指标的转折形态就显得十分关键了。因为在有些时候，股价运行到形态后期时并不会朝着既定的方向运行，而是向着相悖的方向形成转折，导致投资者遭受损失。

因此，投资者还是有必要依靠 KDJ 指标来辅助判断。当形态运行到末期时，KDJ 指标的方向性选择会为投资者提供后市突破的线索，在 KDJ 指标发出买卖信号后再进行操作，会更为稳妥。

下面来看一个具体的案例。

实例分析

恒林股份（603661）等腰三角形整理形态与 KDJ 指标的结合

图 4-22 为恒林股份 2020 年 11 月到 2021 年 5 月的 K 线图。

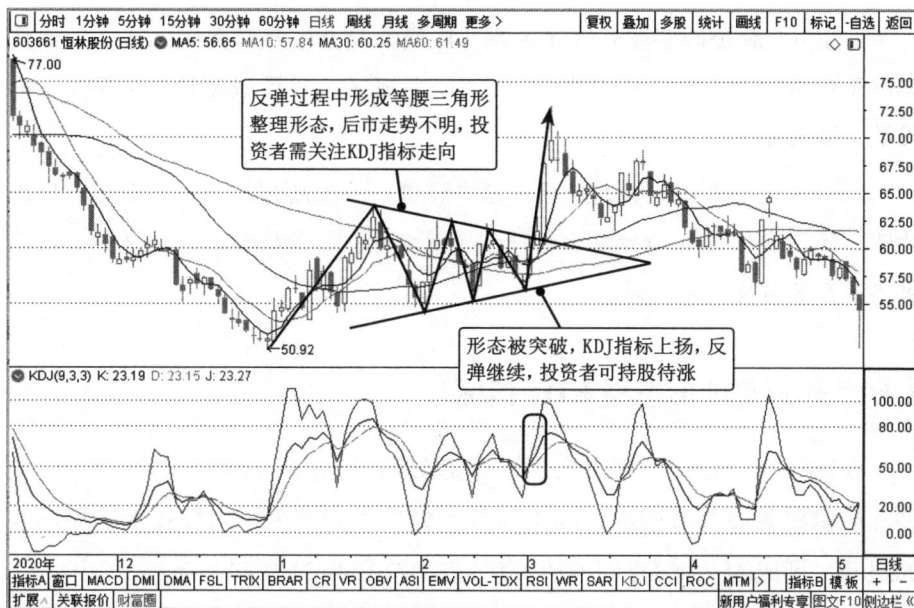

图 4-22　恒林股份 2020 年 11 月到 2021 年 5 月的 K 线图

从图 4-22 中可以看到，恒林股份正处于下跌行情之中。2020 年 11 月到 12 月，股价长时间维持着快速的下跌，一路从 75.00 元价位线上方跌至 50.00 元价位线附近，KDJ 指标跟随下滑至超卖区内。

12 月底，股价在创出 50.92 元的阶段新低后拐头上升，开始反弹。2021 年 1 月下旬，股价小幅越过 60 日均线后受到压制回落，在 55.00 元价位线附近得到支撑后再次回升，随后形成了反复的震荡。

在一个多月的时间内，股价不断上下波动，高点向下移动，低点向上移动，分别将高点与高点、低点与低点连接，就形成了一个等腰三角形整理形态。在此期间，KDJ 指标在 50 线上方形成了钝化，证实了股价的震荡走势。

这个等腰三角形整理形态本来形成于下跌行情，传递的应该是后市看跌的信号。但其当前所处的位置却是在反弹过程中，从已经转向的 30 日均线来看，此次反弹的幅度不小，股价在整理形态结束后可能会上涨。

因此，在后市发展方向暂不明朗的情况下，投资者应当保持观望，并密切关注 KDJ 指标的走向，不宜进行操作。

3 月初，股价的整理到达了末期，K 线开始大幅收阳急速上冲，很快便突破了形态的上边线。同一时刻，KDJ 指标脱离钝化区域开始向上攀升，确定了上涨走势。

此时，投资者就能够大致确定后市将进行一波反弹，场内投资者可持股待涨，待股价与 KDJ 指标发出看跌信号时卖出；场外投资者可根据自身情况决定是否参与抢一波反弹。

4.3.2 矩形整理形态与 KDJ 指标

在熟悉了三角形整理形态后，矩形整理形态的构成就很好理解了。它是在股价横盘震荡过程中，高点与低点分别受到水平压力线和水平支撑线的限制，形成的一种类似于矩形的形态，如图 4-23 所示。

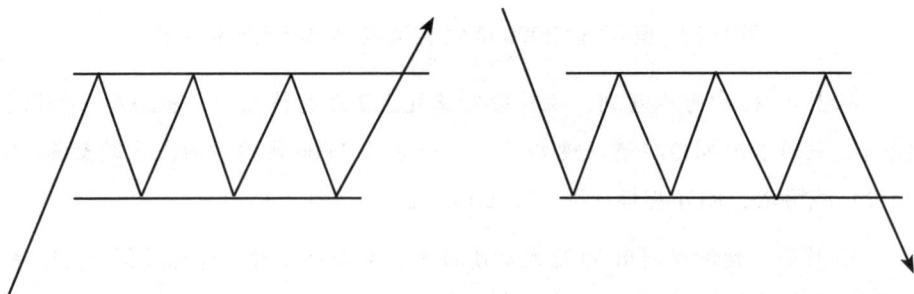

图 4-23　上升（左）与下降（右）行情中的矩形整理形态

矩形整理形态形成的位置更为广泛，无论是在上涨行情、下跌行情还是震荡行情中，矩形的横向震荡都是股价的重要整理方式。它既可以是行情中的中继形态，也可以是顶部和底部的反转形态。因此，对于矩形整理形态突破方向的判断，KDJ 指标的作用更为关键。

若股价向上突破，KDJ 指标同步向上形成转折或黄金交叉，那么后市上涨的概率较大，投资者可轻仓试探；若股价向下跌破，KDJ 指标同步向下形成转折或死亡交叉，那么后市下跌的概率更大，投资者需尽快出局。

下面来看一个具体的案例。

实例分析

重庆啤酒（600132）矩形整理形态与 KDJ 指标的结合

图 4-24 为重庆啤酒 2020 年 5 月到 9 月的 K 线图。

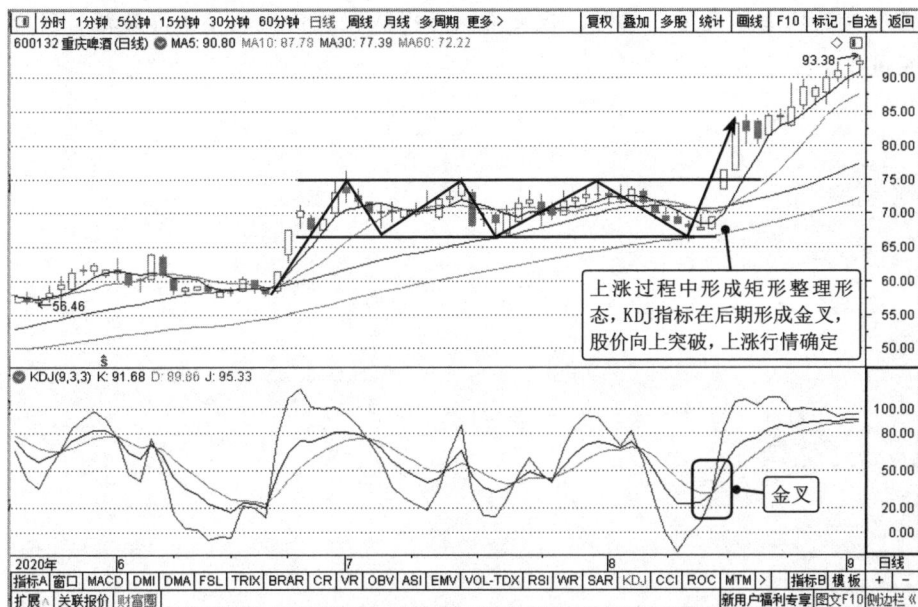

图 4-24　重庆啤酒 2020 年 5 月到 9 月的 K 线图

从图 4-24 中可以看到，重庆啤酒正处于上涨行情之中。5 月到 6 月上旬，股价在震荡中缓慢上涨至 60.00 元价位线附近，随后围绕该价位线形成了横盘整理。

6 月中下旬，股价大幅收阳上冲，离开盘整区域重新开始上涨。7 月初，股价在 75.00 元价位线附近受到压制后回落，又在 65.00 元价位线上方得到支撑反弹，这样的走势重复进行，最终构成了矩形整理形态。同一时期，KDJ 指标也在正常运行范围内形成了反复的波动。

在上涨行情中形成的矩形形态，有很大概率预示着股价在整理结束后会继续上涨，但股价未产生明显上涨迹象前，投资者最好不要买进，避免判断失误遭受损失。

继续来看后面的走势。8 月中旬，股价跌至支撑下附近后止跌再次回升，此次上涨的速度非常快，股价直接以连续的阳线冲破了上边线的压制，来到了 75.00 元上方。

与此同时，KDJ 指标迅速拐头向上形成了黄金交叉，并在后续持续上扬，进一步确认上涨走势。此时，投资者就可以认定股价回到了上涨轨道，可以买进了。

第5章

[*KDJ指标与成交量异动的分析*]

　　成交量是股价产生涨跌与波动的深层次推动力，也是买卖盘数量与筹码交换情况的直观反映。通过对成交量异动的分析，再加上KDJ指标的配合变动，投资者就能够高效地定位合适的买卖位置。

5.1 量能走平时价格与 KDJ 指标的反应

成交量的走平指的是在某一段时间内，成交量的量能波动幅度并不大，其高点几乎都维持在同一水平线或是相近的位置上，整体来看呈现出平稳运行的状态。

量能走平意味着市场中多空双方的力量增减都维持在一个比较固定的区间，达到了暂时的平衡。

但这并不代表着股价也会走平，除了量平价平的配合以外，股价还可能产生上涨或下跌的背离。此时，就需要结合 KDJ 指标来进行涨跌的确认了，投资者也可借助两项指标的结合来分析买卖时机。

5.1.1 量平价平时如何观察 KDJ 指标

量平价平指的是当成交量量能走平时，股价也产生相应的配合横盘，二者同步保持稳定的横向运行。

这是一种量价的配合状态，它在行情的各个位置都有可能出现，表明当前的行情走势不明朗，且短时间内不会有太大的转变，多空双方暂时维持一种平衡，都在等待转势信号。

若量平价平在持续的上涨行情或下跌行情中出现，就是后市将保持原有运行轨迹发展的中继形态。若量平价平在行情顶部或底部出现，那它就是后市即将发生转折的顶部或底部形态。

在量平价平形成过程中，KDJ 指标可能会产生钝化，也可能会频繁跟随震荡，形成一些意义不大的买卖信号，不具有太多参考价值。

但当量平价平形态进入末期，股价开始产生向某一方向突破的迹象时，投资者就能够通过 KDJ 指标的转折，如金叉、死叉等形态，来判断后市发展的方向，进而及时抓住买卖点，此时的 KDJ 指标就是一个可靠的买卖指导工具。

　　下面来看一个具体的案例。

实例分析

恒大高新（002591）量平价平时 KDJ 指标的变化

　　图 5-1 为恒大高新 2020 年 9 月到 2021 年 1 月的 K 线图。

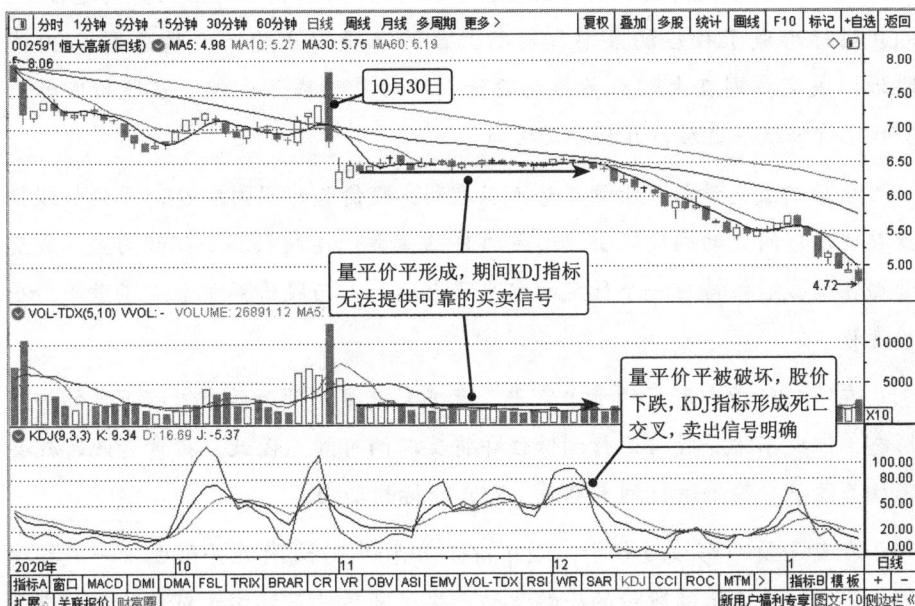

图 5-1　恒大高新 2020 年 9 月到 2021 年 1 月的 K 线图

　　从图 5-1 中可以看到，恒大高新正处于下跌行情之中。2020 年 9 月，股价还在震荡下行，很快便跌破了 7.00 元价位线，但又在其下方得到支撑，重新回到了该价位线附近，进行横盘震荡。

　　与此同时，原本跟随股价下行，并在低位形成了一定钝化的 KDJ 指标，也随着股价的回升再度上扬，运行到了 80 线附近。成交量在此期间与股价呈现出配合状态。

　　10 月底，成交量突然大幅放量，股价快速上冲，迅速靠近 7.50 元。但在 10 月 30 日这一天，股价以 7.83 元的高价开盘后，突然被巨大的量能打压急速走低，最终以 7.21% 的跌幅收出一根大阴线，再度跌破了 7.00 元价位线的支撑。

次日，股价更是跳空低开，直接跌到了 6.00 元价位线附近，不过很快便在其上方得到支撑回升，来到了 6.50 元价位线附近，进行横盘震荡。

此时来观察 KDJ 指标和成交量，可以发现，在股价上冲后回落的过程中，KDJ 指标形成了相应的震荡和转折，最终在股价止跌回升后来到了 20 线附近。成交量则在大幅放量推动股价上冲后就形成了回缩，在股价回升到 6.50 元价位线附近后，开始稳定运行。

从后续成交量与股价的走势可以看到，股价长时间围绕 6.50 元价位线横盘整理，期间波动幅度极小，形成的 K 线主要以小阴线和小阳线为主。成交量则在缩减后维持在一个稳定的水平线上运行，与股价同步形成了量平价平的走势。

在下跌行情中形成的量平价平，有很大概率是预示后市依旧下跌的中继形态，但也不排除股价运行到低位即将反转的可能。因此，投资者此时就要密切关注量平价平运行到末期时，KDJ 指标的动向。

在量平价平形成过程中，KDJ 指标回升到 50 线附近并形成了一定程度的钝化，随后又跟随股价的小幅波动产生了震荡。不过由于量平价平状态的持续，这些信号都没有太大的参考价值。

12 月初，股价开始连续收阴，很快便跌破了 6.50 元，脱离横盘区间开始向下运行。与此同时，KDJ 指标在股价跌破支撑线的当日就形成了一个死亡交叉，并伴随着股价的收阴而持续向下运行，一路向着 20 线靠近，形成了明显的看跌信号。

此时，不仅 KDJ 指标脱离钝化产生了下跌，量平价平的走势也被破坏。尽管量能还未产生太大变化，但股价已经不再走平，两项指标都发出了明确的卖出信号，在场内的投资者要迅速卖出止损，场外观望的投资者则要继续保持观望，不可轻易建仓。

5.1.2　量平价涨时如何观察 KDJ 指标

量平价涨指的是当成交量走平时，股价却形成了上涨的走势，二者产生背离。

一般来说，当量平价涨形成时，KDJ 指标也会跟随同步上扬，甚至在某一段时间内形成钝化，这样就能确定股价的涨势。

不过，并非所有的量平价涨都意味着后市看多，当其出现在行情不同位置时，可能会形成截然不同的信号。

比如当量平价涨出现在上涨行情的初期时，意味着市场经历前期长时间的下跌后已经充分释放了抛压，此时场内只要很少的量能便能拉动股价上涨，这就是后市看涨的信号。KDJ 指标在后续会继续跟随上扬或钝化，加强看涨信号。

但是，当量平价涨形成于行情的高位或是阶段（尤其是下跌阶段）高位时，就可能是多方推动力不足，上涨动能衰竭的表现，股价的涨势无法持续太久，随时可能拐头下跌。KDJ 指标会在股价拐头下跌的同时转折向下，进一步确定跌势，进而指导投资者卖出。

下面来看一个具体的案例。

实例分析

华东数控（002248）量平价涨时 KDJ 指标的变化

图 5-2 为华东数控 2020 年 10 月到 2021 年 2 月的 K 线图。

从图 5-2 中可以看到，华东数控正处于下跌行情之中。从 2020 年 10 月开始，股价就在均线的压制下不断下跌，直到 11 月初跌至 6.50 元价位线附近才得到一定支撑，进入横盘之中。

伴随着股价的下跌和横盘，KDJ 指标从 50 线附近向下，运行到了 20 线左右，并形成了钝化。成交量则在股价下跌的过程中出现了小幅度的波动和缩放。

11月中旬，股价突然小幅下跌后迅速回升，后续缓慢向上攀升，形成反弹。成交量在此期间没有形成相应的放量或是波动，而是呈现出走平的状态，二者形成了量平价涨的背离。

就在股价形成反弹的同时，KDJ指标迅速脱离钝化区域，向上形成一个黄金交叉后持续上扬，很快便在买盘积极的推涨下来到了80线以上，进入了超买区。

此时股价还在上扬，成交量出现了小幅波动，但整体还是走平的，量平价涨形态仍然在继续。KDJ指标则在股价持续的上涨带动下进入了高位的钝化，进一步确定上涨的延续。

尽管股价还保持着上涨，但是投资者也要认清当前形势，这是在下跌的过程中，此时股价的上涨很可能只是反弹，这一点从持续下滑的均线组合也可以看出。因此，有意愿参与抢反弹的中短线投资者要时刻保持高度谨慎。

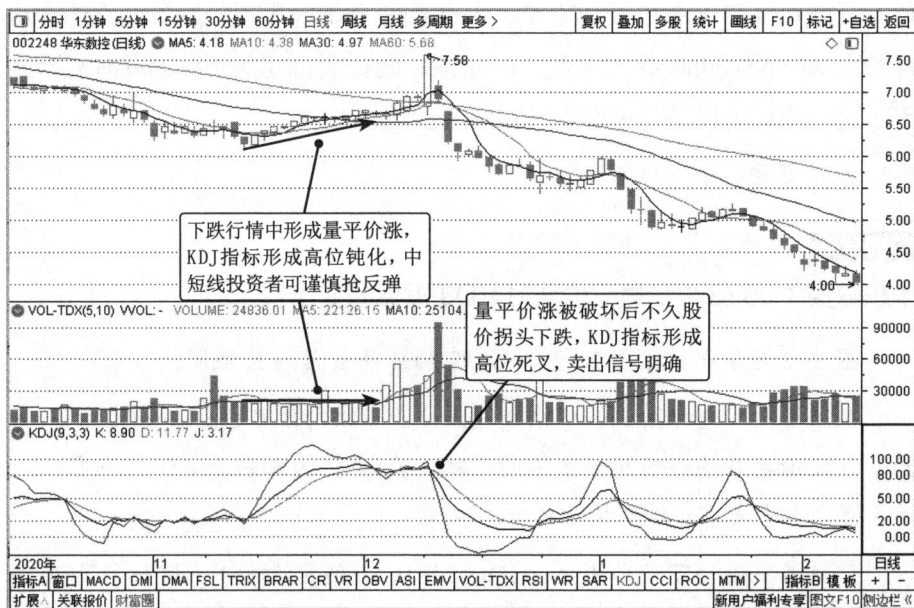

图 5-2　华东数控 2020 年 10 月到 2021 年 2 月的 K 线图

　　继续来看后面的走势。12 月初，成交量突然开始放量，推动股价加快上涨速度，量平价涨的形态被破坏，但 KDJ 指标的高位钝化还在继续。在一次大幅收阳后，股价上冲到最高 7.58 元，但在次日就冲高回落，开始了快速的下跌。

　　与此同时，KDJ 指标结束了高位的钝化，转而向下拐头，形成一个高位死叉后迅速下行，与下跌的股价一同确定了下跌行情的继续。此时，抢反弹的投资者要及时卖出，观望的投资者则不宜入场。

5.1.3　量平价跌时如何观察 KDJ 指标

　　量平价跌指的是当成交量走平时，股价却走出了持续下跌的走势，二者形成背离。

　　在量平价跌形成过程中，KDJ 指标很有可能跟随股价的下跌而向下运行，直到某一时刻形成钝化，说明股价的跌势持续。

　　与量平价涨类似，当量平价跌形成于行情的不同位置时，也会传递出不同的信号，KDJ 指标会在形态运行到末期时产生相应的变化，对投资者的操作提供指导。

◆ **当量平价跌形成于上涨过程中**：投资者面对的很有可能是一段暂时的回调，市场在缓慢释放抛压，股价下跌速度和幅度都不会太大，整理结束后，股价依旧会上涨。KDJ 指标在形态运行到末期时，可能会向上形成相应的转折或是金叉，标志着上涨行情的回归。

◆ **当量平价跌形成于下跌过程中**：说明当前场内抛压不重，股价跌势在逐渐缓和，后市有反弹的可能，也有继续下跌的可能，此时就要依靠 KDJ 指标的变动情况来判断后市走向。若 KDJ 指标持续向下震荡，或是形成钝化，那么后市下跌的可能性很大，投资者不宜入场；若 KDJ 指标有向上转折的迹象，那么股价有可能产生反弹，短线投资者可谨慎参与。

下面来看一个具体的案例。

实例分析

亚星客车（600213）量平价跌时 KDJ 指标的变化

图 5-3 为亚星客车 2019 年 9 月到 2020 年 2 月的 K 线图。

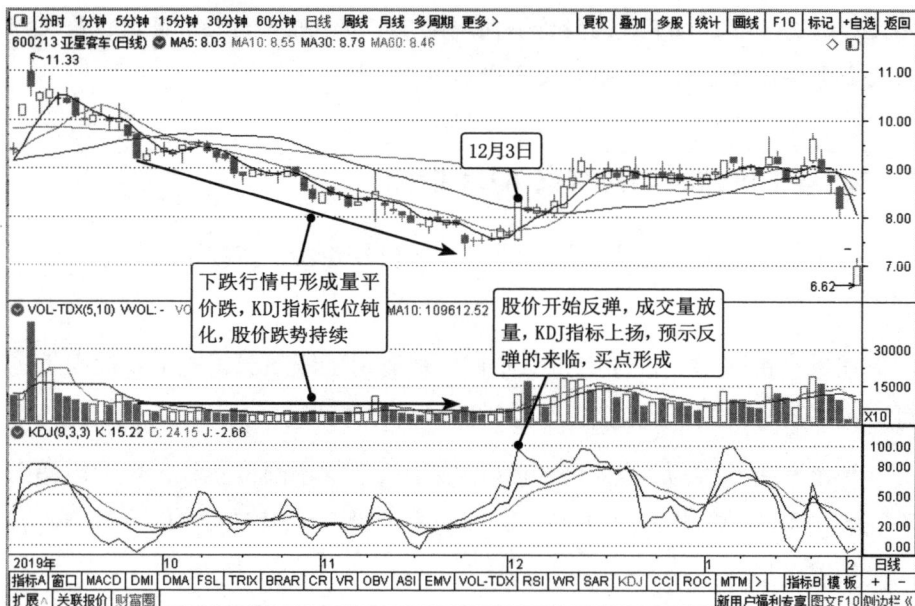

图 5-3　亚星客车 2019 年 9 月到 2020 年 2 月的 K 线图

从图 5-3 中可以看到，亚星客车正处于下跌行情之中。在 2019 年 9 月初，股价反弹到了最高 11.33 元的位置，随后阶段见顶开始下跌。成交量在形成一个峰值后逐步缩减，KDJ 指标也从相对高位滑落。

9 月底，股价跌至 9.00 元价位线上方止跌横盘，随后就开始了阶梯式的向下运行，股价重复下跌、止跌横盘、再下跌的过程。在此期间，成交量在缩减到某一位置后不再大幅变动，与不断下滑的股价形成了量平价跌的背离形态。

再来观察 KDJ 指标，可以发现在股价阶梯式下跌的过程，KDJ 指标在 20 线到 50 线的区间内形成了钝化，整体呈现出低迷的状态，其反复形成的买卖信号参考意义也不大。

在下跌途中形成量减价跌的形态，说明股价跌势趋于稳定，市场暂时保持低迷，未来发展方向不明，但依旧存在反弹的可能性。投资者此时可保持观望，等待变盘时刻的到来。

11 月上旬，成交量量能有所放大，股价有脱离下跌转而上冲的趋势。但股价最终仅收出一根带长上下影线的阳线，最高价接触到 30 日均线后就被压制向下。

同时，KDJ 指标也只是在钝化过程中形成了一次向上的转折，随后就回到了钝化区域内。这说明此处只是多方的一次试探，不能当作买入机会，投资者要沉住气，继续观望。

这样的走势一直持续到 11 月下旬，股价在跌至 7.50 元价位线附近后得到了一定支撑，开始缓慢向上运行。成交量此时还未产生明显的变化，而敏锐的 KDJ 指标却在股价转向之前就形成了向上的转折，并形成了低位金叉。

尽管 KDJ 指标形成了买入信号，但指标线此时依旧未能脱离钝化区域，投资者依旧要保持谨慎，多观察一段时间。

11 月底，股价上涨速度有所加快，在进入 12 月后更是大幅收阳，并于 12 月 3 日形成了一根涨停大阳线。当日成交量大幅放量，KDJ 指标的上扬角度加大，两项指标共同确定了股价的上涨走势。

后续股价在接触到 30 日均线后未被彻底压制向下，而是小幅回落后就踩在 30 日均线上继续上涨，更加明确了反弹的到来，此时就是短线投资者的买进机会。

5.2　量能放大时价格与 KDJ 指标的异动

成交量的量能放大指的是在某一段时间内，量能呈现出整体上升的状态，是市场交投活跃，买卖方积极交易的表现。

在成交量产生如此变动时，股价也会形成相应的变化，或是上涨，或是下跌，或是走平、震荡等，不同行情位置形成不同的量价关系，其含义和操作方式都有所不同。

同样的，KDJ 指标也会出现一定的波动，它能够帮助投资者进一步确定当前的趋势和未来可能的发展方向，进而找到合适的买卖点。

5.2.1 量增价跌时分析 KDJ 指标

量增价跌指的是当成交量放量时，股价却转而下跌，二者形成了背离形态。

量增价跌是股价运行过程中非常常见的一种背离形态，它常常形成于股价见顶之后的下跌过程中。这里的顶可以是行情的顶部，也可以是阶段的顶部，都是卖盘大量抛售导致股价下跌的表现。若 KDJ 指标跟随下行或形成低位钝化，那么短时间内股价的下滑不可避免，中短线投资者可以先行出局观望。

有时候，量增价跌也出现在持续的下跌过程中，是市场空方不断施压，股价难以反弹的体现。若 KDJ 指标未在量增价跌结束后发出积极信号，那么股价后市的走向并不乐观。

不过，若 KDJ 指标在量增价跌结束后拐头上冲，股价同时止跌回升，那么就意味着股价出现了超跌，后市有希望形成一波强力反弹，甚至迎来新的行情，投资者可以根据后市走向决定是否买进。

下面来看一个具体的案例。

实例分析

百润股份（002568）量增价跌时 KDJ 指标的变化

图 5-4 为百润股份 2020 年 12 月到 2021 年 4 月的 K 线图。

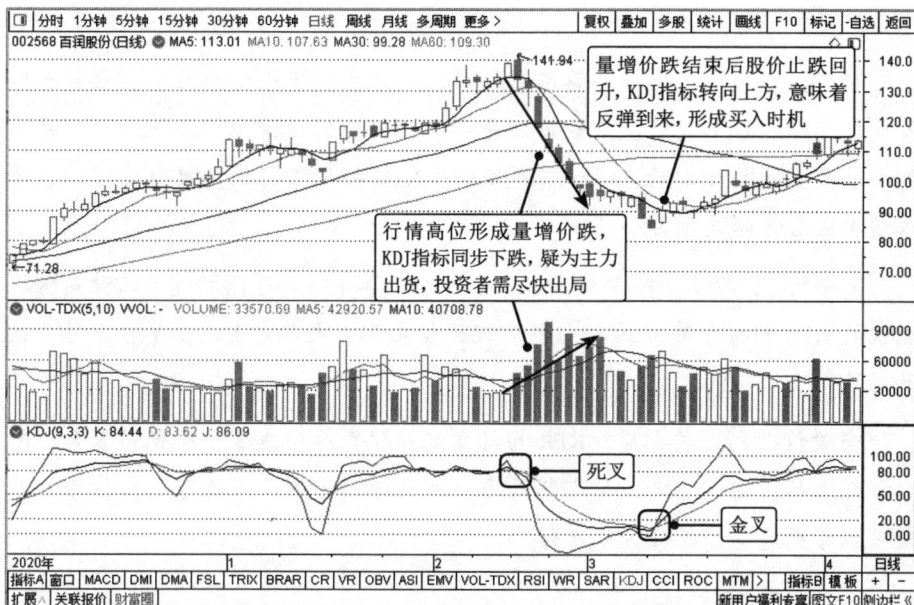

图 5-4 百润股份 2020 年 12 月到 2021 年 4 月的 K 线图

从图 5-4 中可以看到，百润股份正处于上涨行情的顶部。2020 年 12 月到 2021 年 2 月中旬，股价长时间维持着积极稳定的上涨状态。成交量量能随着股价的数次回调而产生波动，KDJ 指标则在很长时间内都处于高位钝化状态。

这样的走势持续到了 2021 年 2 月中旬，股价上涨突破了 140.00 元价位线，最高创出 141.94 元的价格后，当日就出现了下跌，收出一根阴线。随后数个交易日内，股价连续收阴下跌。

与此同时，成交量开始了快速且大幅的放量，与下跌的股价形成了量增价跌的背离走势。在行情运行到高位后形成这样的背离，有很大可能是主力带动部分散户在大批量出货，导致成交量剧增，但价格却在下滑，这是明确的看跌预警。

此时再来观察 KDJ 指标，可以发现在量增价跌形成的同时，KDJ 指标迅速在 80 线附近拐头向下，形成一个高位死叉后持续下行，一路向着超卖区进发，与背离的量价同步发出卖出信号。此时，投资者就要及时抛售，以保住收益。

数个交易日后，量能不再继续增长，而是出现了小幅缩减，但相较于股价前期上涨过程中的量能来说依旧是放大的。此时股价依旧在下跌，只是在失去巨大量能的压制后，跌速有所减缓，KDJ 指标下行的角度也变缓了，进入超卖区后开始逐步走平。

3 月上旬，股价小幅跌破 90.00 元价位线后得到支撑，形成了回升走势。敏锐的 KDJ 指标早在股价转向之前就开始变化，尤其是 J 线，早在 2 月底就开始了向上的转向。

当股价也向上转向后，KDJ 指标立刻在超卖区形成了一个低位金叉，随后积极上扬。这意味着股价即将迎来一波反弹，前期已经抛售的投资者，此时可以考虑建仓，抓住这段反弹。

5.2.2　量增价涨时分析 KDJ 指标

量增价涨指的是当成交量放量时，股价也同步向上攀升，二者形成配合状态。

量增价涨是多方积极介入，市场看多力量强势，股价稳定上涨的表现。同时，它也是整个上涨行情中不可或缺的形态，股价的大部分拉升过程都少不了成交量的放量支撑。

因此，量增价涨的出现一般都意味着股价在短时间内将形成一波上涨，只是其出现的位置不同，上涨的空间也有所区别。

在上涨过程中出现的量增价跌，其看涨意味是最强烈的。尤其是在拉升初始位置，KDJ 指标同步上扬，或是在转折后形成向上的黄金交叉时，将会形成一个可靠的买点。

而在接近行情顶部或是下跌过程中形成的量增价涨，虽然依旧预示着股价的上涨（反弹），但上涨（反弹）空间不会太大，股价见顶后将很快步入下跌。

　　此时，投资者就要注意 KDJ 指标的变化了，一旦指标线形成明显的向下转折，股价也有同步下跌的趋势时，就要抓紧时间出局。

　　下面来看一个具体的案例。

实例分析

兴民智通（002355）量增价涨时 KDJ 指标的变化

　　图 5-5 为兴民智通 2022 年 4 月到 7 月的 K 线图。

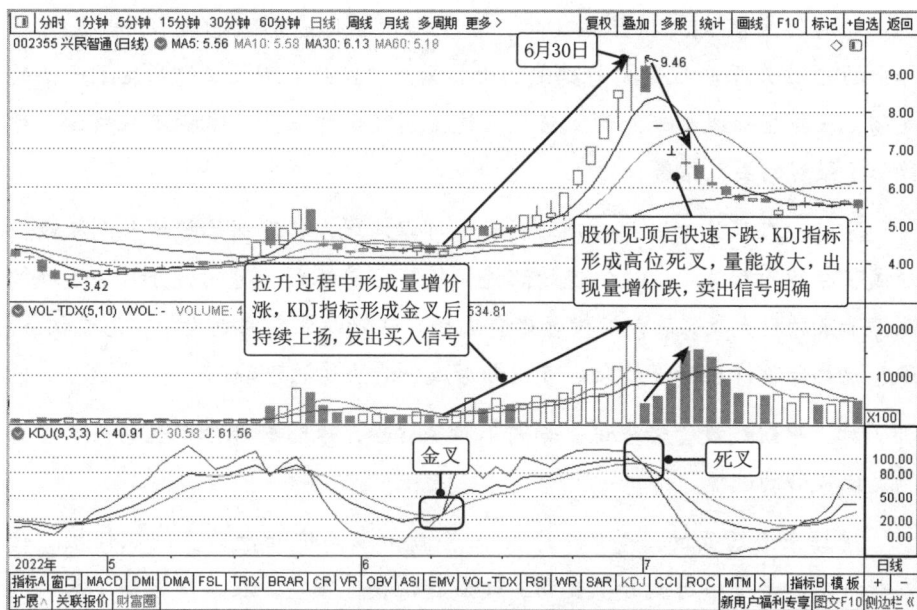

图 5-5　兴民智通 2022 年 4 月到 7 月的 K 线图

　　从图 5-5 中可以看到，兴民智通正处于上涨趋势向下转向的过程中。4 月底，股价创出 3.42 元的新低后，就开始了逐步的上涨，涨速越到后期越快。KDJ 指标在其带动下很快从 20 线以下上扬到了 80 线附近，并有形成钝化的迹象。

　　5 月下旬，股价在经历一段时间的上涨后来到了 5.00 元价位线以上，但在 5.50 元附近受到阻碍后拐头下跌，进入了回调之中。KDJ 指标结束高位的钝化，再次向下，并伴随着股价的下跌运行到了超卖区附近。

6 月初，股价跌至 30 日均线附近后得到支撑开始缓慢上涨，成交量量能逐步放大，KDJ 指标也在二者的带动下向上形成了一个黄金交叉，随后持续上行。

在后续的走势中，股价不断加快上涨速度，于 6 月中下旬形成了连续的拉升。同一时期，成交量的量能也跟随放大，为股价的上涨提供了强有力的支撑，股价与成交量同步上扬，形成了量增价涨的配合，预示着一波拉升的到来。

此时再来看 KDJ 指标的变化，在量增价涨形态形成的过程中，KDJ 指标中的 D 线几乎全程保持着稳定的上扬角度，K 线和 J 线仅仅产生了小幅的震荡，三条指标线都未能形成交叉。这说明股价的涨势非常稳定且快速，释放出了强烈的买入信号。

不过，在股价上涨到后期时投资者可以发现，其涨速已经增长到极致，形成了连续的涨停。这样的连续涨停一般不会持续太长时间，并且由于连续涨停带来的巨大收益，大批投资者会选择在涨停结束后立刻卖出，兑现收益，这也就导致股价在涨停结束后可能会形成一波快速的下跌。

对于中短线投资者来说，如果不希望冒险，跟随这部分抛盘的投资者出局是比较好的选择。

继续来看后面的走势。6 月 30 日，股价以高价开盘后直冲涨停板，但在封板不到半个小时就开板交易，造成股价接连下跌。在盘中经历了长时间的震荡后，股价最终还是在尾盘回到了涨停板上封住，当日收出一根带长下影线的阳线。

次日，股价再次小幅上冲，创出 9.46 元的新高后再无力上涨，立刻拐头被封到了跌停板上，当日形成一根跌停大阴线。就在同一天，已经深入超买区的 KDJ 指标迅速形成了一个高位死叉，成交量也骤然回缩。

这是向投资者释放出的明确的见顶信号，意味着拉升结束，下跌即将到来，此时机警的投资者需尽早挂单卖出。从后续的走势也可以看到，股价在形成第一个跌停后，又接连跌停了两个交易日，才彻底开板进行交易。

此时，股价已经跌至 7.00 元价位线以下，KDJ 指标不断下滑，成交量却在放大，在见顶后形成了量增价跌的形态。这都是股价转势的表现，且短时间内跌势难以遏止，还未离场的投资者要抓紧时间出局。

5.2.3　量增价平时分析 KDJ 指标

量增价平指的是在成交量放量时，股价却在横向窄幅震荡，整体呈现走平状态，二者形成背离。

一般来说，当股价走平或仅仅只形成了小幅的震荡时，意味着市场正在进行整理和浮筹交换，后市大概率会朝着原有方向突破。因此，这种形态通常属于中继形态。

但在股价走平的同时成交量却在放量，又为这种形态赋予了一些不同的含义。成交量量能的放大无疑是市场交投活跃的表现，买卖盘都能互相消化并持续增长，这就意味着多空双方还在激烈角逐，希望掌握股价方向突破的主动权。

在这样的情况下，股价的横盘一般不会维持太长时间，后市突破的方向也更加扑朔迷离（尤其是走势不太稳定的个股）。投资者此时不能单纯地根据行情的位置来判断，而是需要根据 KDJ 指标后期的变动情况来决策。

若量增价平的状态运行到了后期有产生下跌的迹象，KDJ 指标线提前转折向下，那么股价的突破方向大概率也会向下，此处形成的是卖出信号；反之，股价就可能向上运行，买入机会到来。

下面来看一个具体的案例。

实例分析

康龙化成（300759）量增价平时 KDJ 指标的变化

图 5-6 为康龙化成 2020 年 3 月到 7 月的 K 线图。

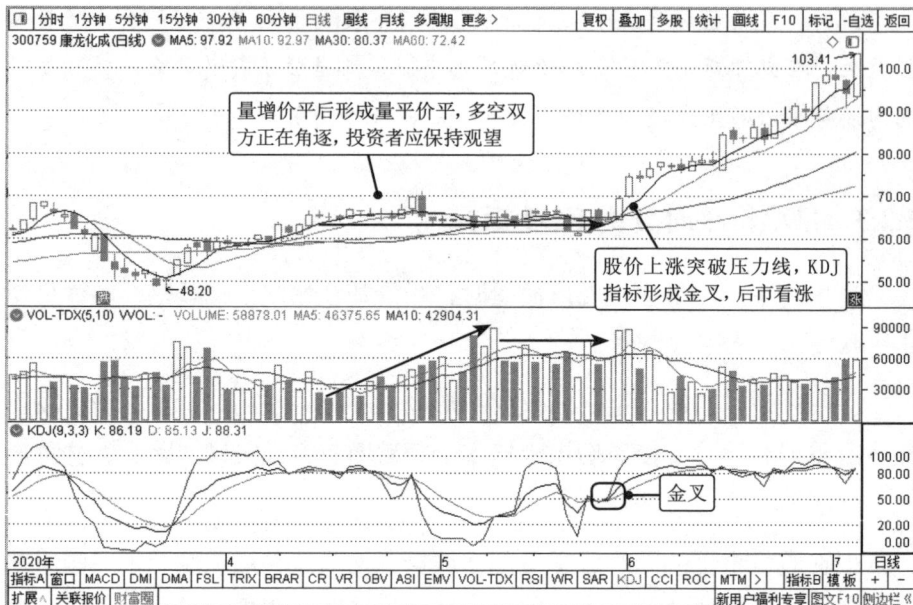

图 5-6　康龙化成 2020 年 3 月到 7 月的 K 线图

从图 5-6 中可以看到,康龙化成正处于上涨行情之中。在 3 月期间,股价还在经历阶段见顶后的回调。3 月底,股价创出 48.20 元的阶段新低后开始逐步向上攀升,再次回到上涨轨道。

4 月中上旬,股价上涨速度变缓,在 70.00 元价位线下方受到了压制,进入横盘之中。此时来观察 KDJ 指标和成交量,可以发现 KDJ 指标线已经伴随着上涨的股价来到了 80 线附近,并形成了钝化,成交量则在股价进入横盘之后开始放量,二者形成了量增价平的背离。

在上涨行情中形成量增价平的背离,意味着多空双方正在争夺控制权,股价未来变动方向不明,投资者还需观察。

继续来看后面的走势。在 4 月底,股价出现了一次小幅上冲,但未能成功突破 70.00 元价位线的压制,转而小幅回落到 65.00 元价位线附近,再次进入横盘之中。

同时,KDJ 指标受到影响脱离钝化区域,并伴随着股价的小幅回落而向下运行。但由于股价没有彻底下跌，这里的卖出信号也并不强烈。

在股价继续横盘的过程中，成交量的量能虽然出现了小幅回落，但很快便在某一位置稳住，形成了走平的状态。股价与成交量继量增价平之后又形成了量平价平的走势。

相较于前期股价上涨过程中的量能来说，此处的量能还是比较大的，说明多空双方虽然达到了一定的平衡，但股价未来的变动趋势依旧难以准确判断。

5 月下旬，股价再次下探，在 60.00 元价位线附近得到支撑后开始上涨，数日后就以连续的阳线成功突破了 70.00 元价位线的压制，并在后续运行到其上方。

就在股价止跌回升的同时，KDJ 指标迅速转折向上，并在 50 线附近形成了一个黄金交叉，指标线跟随股价朝着超买区运行。

KDJ 指标的积极走势证实了股价的涨势，说明行情沿着原有趋势运行，未来将迎来一波拉升，明确的买点出现了。

5.3　量能缩减时价格与 KDJ 指标的变化

成交量量能的缩减，意味着个股的交易量在下降，市场交投活跃度越来越低。

其形成的原因大致有两个，一是买卖盘中某一方数量锐减，导致场内另一方的委托单无法完全被消化；二是买卖盘数量都在下降，市场情绪冷淡，导致很少有人交易，量能回缩。

但无论是何种原因，量能的缩减大概率会对股价产生影响，导致其形成上涨、下跌或是震荡的走势。与此同时，KDJ 指标也会产生变化。

将这 3 项因素结合起来分析，投资者就有机会抓住市场中绝佳的买卖时机。

5.3.1　量缩价涨后 KDJ 指标有何变化

量缩价涨指的是当成交量量能缩减时，股价反而呈现出不断上涨的走势，二者形成背离。量缩价涨的形成，往往是场内买盘不断增加，但卖盘数量供应不上的表现。

股价形成稳定上涨趋势后，持股的一方大多会产生惜售心理，大部分投资者不会轻易抛售。随着买盘追涨情绪的日渐强烈，买方的价格被不断抬高，越来越高的利润使得越来越多的投资者选择兑利离场，场内买单逐渐被消化。

而价格的上涨会导致买方成本上升，在没有看好后市的情况下，买盘数量很难持续飙升。这样的状态发展到最后，买卖双方最终达到平衡，再往后卖方就会供大于求，无法被消化的卖盘不断压价，股价就会转入下跌之中。

因此，量缩价涨的形态就成了股价上涨动能不足，随时可能进入回调或是下跌的预兆。当其出现在行情高位或是阶段高位，KDJ 指标又提前或是与股价同步形成下跌预兆时，就会发出强烈的卖出信号，股价短时间内将出现下跌。

下面来看一个具体的案例。

实例分析

丽珠集团（000513）量缩价涨时 KDJ 指标的变化

图 5-7 为丽珠集团 2019 年 1 月到 6 月的 K 线图。

从图 5-7 中可以看到，丽珠集团正处于上涨趋势向下转向的过程中。在 1 月期间，股价经历了一次回调后的横盘整理，随即于 1 月底在 26.00 元价位线附近止跌，再度上涨。

在股价这一波的上涨过程中，成交量呈现出配合的放量状态，KDJ 指标也跟随股价运行到了超买区。

2 月中旬，股价在小幅越过 30.00 元价位线后止涨回落，跌至 29.00 元价位线附近后得到支撑横盘了数日，随后很快回到了上涨轨道之中。

在随之而来的拉升过程中，股价上涨速度明显加快，大阳线频繁形成。但观察成交量可以发现，在股价拉升的初始，成交量形成了大幅放量，但数日后就达到了峰值，转而开始缩减，与持续上涨的股价形成了量缩价涨的背离形态。

股价如此快速的涨势，结合成交量反向而行的异动，意味着卖盘正在积蓄力量，待到抛压强过买压，股价就会进入下跌之中。因此，中短线投资者此时要保持高度警惕，随时准备出局。

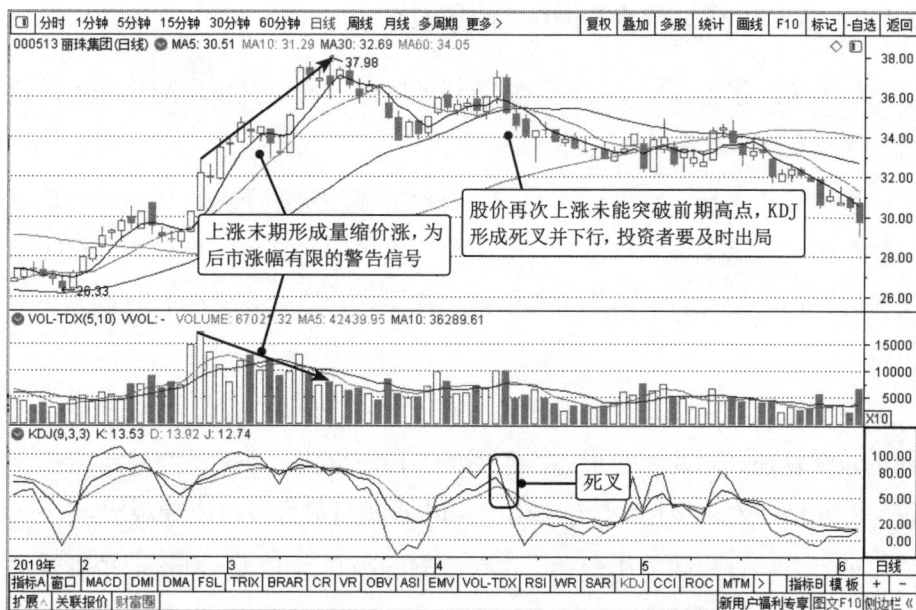

图 5-7 丽珠集团 2019 年 1 月到 6 月的 K 线图

继续来看后面的走势。KDJ 指标在股价接连上涨的带动下很快进入了超买区以内，并形成了高位钝化，确定上涨走势。而成交量还在持续缩减，量缩价涨的背离仍在继续。

3 月中旬，股价上涨来到了靠近 38.00 元价位线的位置，受到压制后在高位滞涨，最终在创出 37.98 元的新高后不久便转向了下跌之中。

与此同时，KDJ 指标结束高位钝化，开始向下形成转折，朝着超卖区靠近。成交量依旧在缩减，说明接盘的投资者不多，后市走势不太乐观，谨慎的投资者要迅速抛盘出局。

从后面的走势可以看到，尽管股价在跌至 34.00 元价位线附近后进行了一次反弹，但反弹高点未能突破 37.98 元。股价很快便再次进入下跌之中，KDJ 指标形成一个死亡交叉后发出了强烈的卖出信号，此时还未离场的投资者需要抓紧时间出局。

5.3.2 量缩价跌后 KDJ 指标有何变化

量缩价跌指的是成交量在形成缩量的同时，股价呈现出配合的下跌状态，预示着跌势的持续。

量缩价跌还是比较好理解的，在股价形成稳定的下跌走势后，市场交易的积极性将遭受极大打击，没有多少投资者愿意冒着长期被套的风险承接筹码，场内投资者不断压价却依旧供大于求，股价自然会长时间保持着下跌。

要使这样的走势减缓甚至逆转，需要的资金量非常大，涉及的交易过程也非常复杂。因此，在形态产生后的一段时间内，股价大概率会继续下跌，KDJ 指标的表现也会比较低迷，场内投资者最好及时出局观望。

不过，一旦趋势发生扭转，市场受到刺激开始追涨，那么股价就有机会形成一波上涨。经验丰富的中短线投资者可以根据 KDJ 指标的扭转状况来选择买入点，谨慎建仓待涨。

下面来看一个具体的案例。

实例分析

浙江建投（002761）量缩价跌时 KDJ 指标的变化

图 5-8 为浙江建投 2022 年 3 月到 5 月的 K 线图。

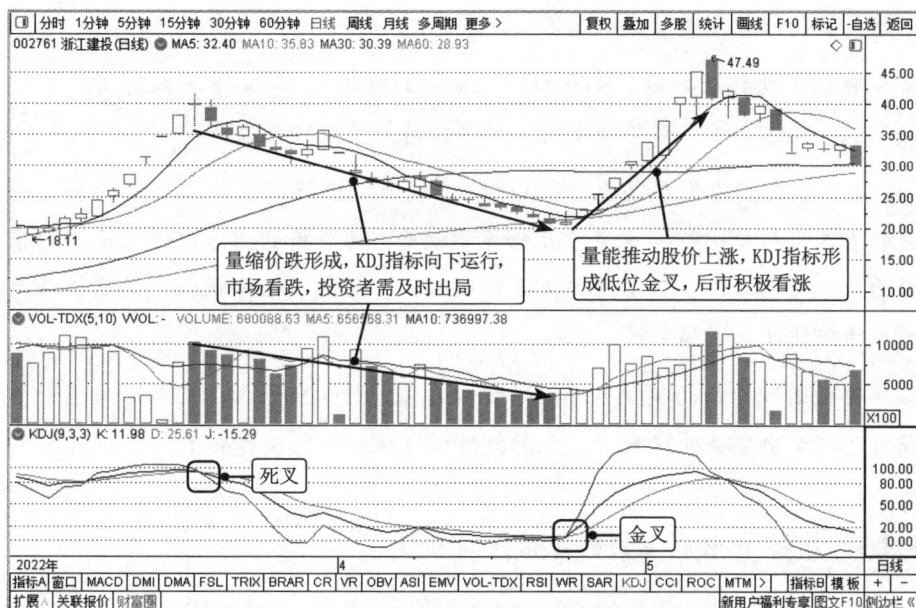

图 5-8　浙江建投 2022 年 3 月到 5 月的 K 线图

从图 5-8 中可以看到，浙江建投正处于上涨行情之中。从 3 月初开始，股价从 20.00 元价位线附近一路向上，通过接连的涨停迅速来到了 40.00 元价位线附近，实现了短时间内的翻倍上涨行情。

与此同时，KDJ 指标也在其带动下来到了超买区，其中的 J 线越过了 100 线以外，K 线与 D 线则非常靠近 100 线，大幅深入超买区，代表场外追涨的积极性。

3 月下旬，股价小幅突破 40.00 元价位线后上涨乏力，继而拐头下跌，形成冲高回落走势。同一时刻，成交量也跟随出现了相应的缩减，与股价形成了量缩价跌的配合，证明市场中交易频率下降。

KDJ 指标也在形成一个高位死叉后向下，离开了超买区的范围，确认了股价的跌势，中短线投资者要注意及时出局。

在后续长时间的下跌过程中，股价出现了数次幅度不大的反弹，成交量在股价形成反弹时总会产生一定程度的放量。但伴随着股价后续的接连下跌，量能依旧呈现缩减状态。

股价下跌到后期时，KDJ 指标已经越过 20 线，并向下深入超卖区，形成了低位钝化。成交量持续下滑，始终维持着量缩价跌形态。

4 月下旬，股价在跌至 20.00 元价位线附近后得到支撑，转头开始了快速的上涨。与此同时，成交量开始逐步放量，为股价的上涨提供了足够的推动力。KDJ 指标也在超卖区内快速拐头向上，形成了一个低位金叉后持续上行，很快便冲上了超买区。

伴随着股价和两项技术指标的积极看涨，行情重新向上已经成为趋势，前期已经卖出观望的投资者，此时就可以抓住机会再次建仓了。

5.3.3 量缩价平后 KDJ 指标有何变化

量缩价平指的是当成交量缩减时，股价出现了横向的小幅震荡或盘整走势，二者形成背离。

量缩价平的形态一般是市场中买卖盘都在缩减，多空双方力量平衡，但交易活跃度在下降的表现。这样的形态出现在上涨或下跌过程中时，大多属于中继形态，后市的发展方向大概率不会发生变化。

不过，当量缩价平形成于股价顶部，尤其是行情顶部时，就会传递出多方推动力不足，股价进入滞涨，随时可能见顶下跌的信号。在此之前，股价与成交量还可能会形成量缩价涨的背离，更加强了见顶信号。

在形态构筑的过程中，KDJ 指标起不到太大作用，不过当股价开始选择发展方向时，KDJ 指标就能够提供一定的参考。

比如，当股价选择向下，那么 KDJ 指标可能会提前或者同步于股价形成下跌；当股价选择向上，KDJ 指标也会跟随上扬。借助这样的形态，投资者就能够快速判断后市走向。

下面来看一个具体的案例。

实例分析

包钢股份（600010）量缩价平时 KDJ 指标的变化

图 5-9 为包钢股份 2021 年 6 月到 9 月的 K 线图。

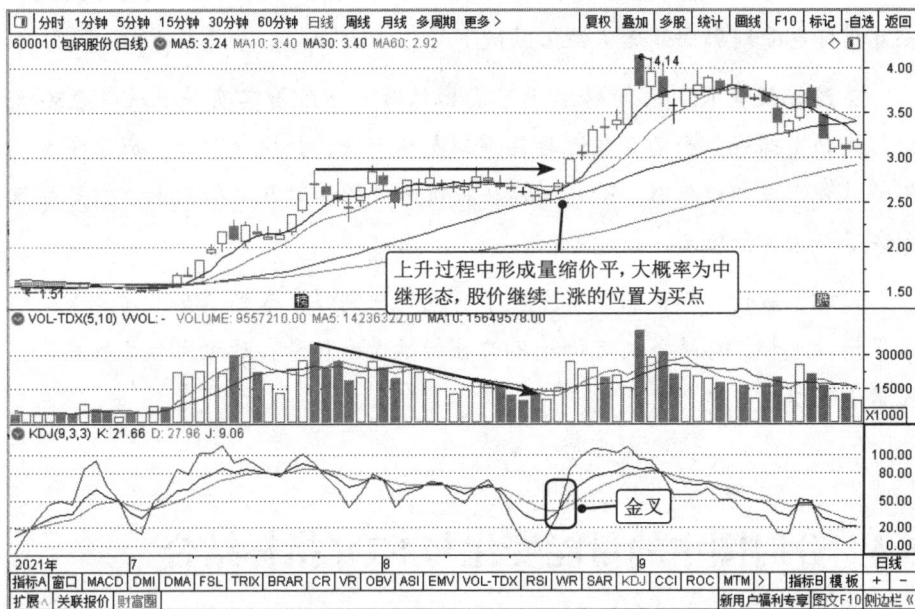

图 5-9　包钢股份 2021 年 6 月到 9 月的 K 线图

从图 5-9 中可以看到，包钢股份正处于上涨行情之中。在 6 月期间，股价还在相对低位横向盘整，直到进入 7 月后才开始在成交量的支撑下快速上涨。

在股价上涨的过程中，KDJ 指标很快运行到了超买区以内，成交量也在跟随放量。7 月下旬，股价上涨至 2.50 元价位线以上后，在 3.00 元价位线附近受到了一定的压制出现小幅回落，随后便在 2.50 元到 3.00 元进行横向盘整。

与此同时，KDJ 指标从超买区滑落，随着股价的止跌而停止下滑，并在 50 线到 80 线的区间内形成钝化。成交量则在股价滞涨横盘后就开始了逐步的回缩，二者形成了量缩价平的背离。

由于量缩价平形态是在上涨过程中形成的，30 日均线和 60 日均线的支撑力充足，后市还是有很大可能会继续上涨的。因此，场内投资者还是可以继续持股，场外投资者则先保持观望。

8 月中旬，股价突然连续小幅收阴下跌，很快靠近了 2.50 元价位线，KDJ 指标也受到影响开始从钝化区域下滑。

不过，就算 KDJ 指标传递出了卖出信号，但股价其实并未跌破 2.50 元价位线的支撑线，而是在靠近后就得到支撑止跌，并快速回升。成交量量能不断放大形成积极推涨，KDJ 指标在股价回升的同时就转折向上，数日后就形成了一个黄金交叉。

此时，股价一路向上成功突破了前期的压制线，来到了其上方，彻底结束了横盘走势。再结合成交量与 KDJ 指标的看多信号，后市上涨已成定局，投资者可以适当建仓了。

5.4 分时图中的量能变化与 KDJ 指标结合

成交量不仅能够在 K 线图中与股价形成量价的配合与背离，在分时图中，也能起到相同的作用。

分时图中展示的是股价在一个交易日内的变动情况，其中也包含了成交量的实时数据和其他技术指标，包括 KDJ 指标的状态。将量价之间的关系与 KDJ 指标结合，就能够为准备在当日进行买卖操作的投资者提供一定的参考。

5.4.1 早盘巨量压价形态

早盘巨量压价指的是股价在当日开盘后，成交量就出现了集中或间歇性的巨量量柱，将股价快速下拉到低位的形态。

在开盘后就形成如此低迷的走势，若 KDJ 指标也跟随下滑甚至形成钝化，就意味着股价在当日可能不会有太好的表现，更大的可能是持续低走或是形成震荡，最终以下跌收盘，形成一根阴线。

一般来说，要在短时间内形成集中的巨量并带动股价急速下跌，其中都有主力的操作痕迹。若在分时图中不好判断其目的的话，投资者就要进一步结合股价当前在 K 线图中所处的位置，以及 K 线图中的 KDJ 指标状态来分析。

- ◆ 当早盘巨量压价的分时形态形成于行情高位，或是股价见顶下滑的过程中，KDJ 指标形成了向下的转折时，主力的目的很有可能是大批量出货，将利润兑现。待到其出货完毕，股价将彻底进入下跌行情之中，KDJ 指标持续下滑，此处的形态就是明确的卖出信号，投资者要抓紧时间跟随卖出。

- ◆ 当早盘巨量压价的分时形态形成于行情低位，或是股价加速下探的过程中，KDJ 指标跟随下探时，主力的目的很有可能是拉低股价吸筹，降低持股成本。待到其吸筹完毕，股价将拐头进入上涨，KDJ 指标会形成向上的转折，此处的形态就是股价即将见底的预兆，投资者要保持高度关注，随时准备跟随建仓。

- ◆ 当早盘巨量压价的分时形态形成于上涨行情中的回调过程中，KDJ 指标走平乃至向下转向时，主力的目的很有可能是借此震仓，促进场内浮筹交换，减轻拉升压力。待到其震仓完毕，股价将开启新一波的拉升，KDJ 指标将立刻跟随向上形成买入信号，此处的形态就是预示股价整理的信号，中短线投资者可以先行卖出避开下跌，也可以继续持股等待上涨。

下面来看一个具体的案例。

实例分析

隆基绿能（601012）早盘巨量压价形态与 KDJ 指标的结合

图 5-10 为隆基绿能 2020 年 10 月 15 日的分时图。

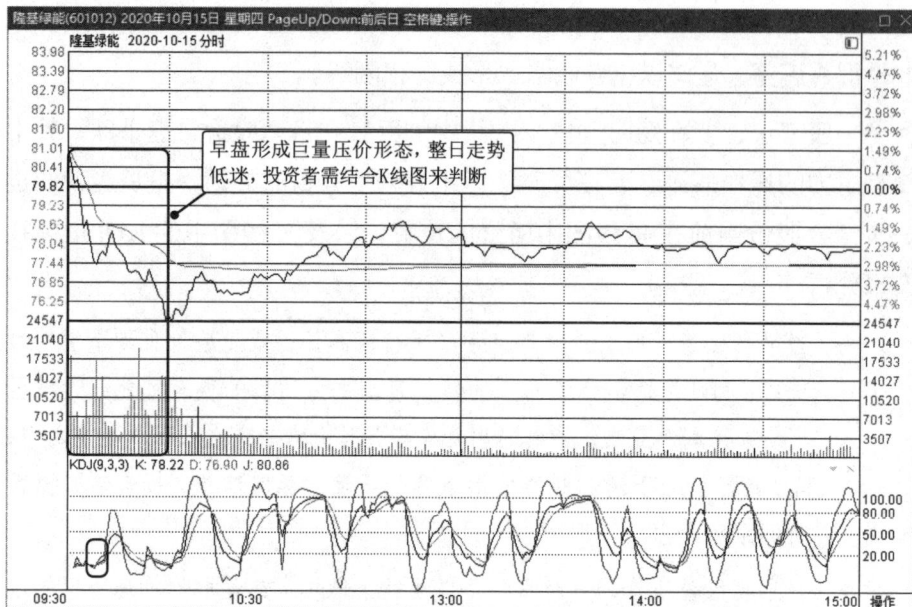

图 5-10　隆基绿能 2020 年 10 月 15 日的分时图

从分时走势中可以看到，隆基绿能在 2020 年 10 月 15 日这一天是以高价开盘的，在开盘后成交量就形成了巨幅放量，将股价急速下拉，KDJ 指标直接从低位出现，并开始运行。

第一分钟后量能回缩，但在缩减到一定位置后就再次放大，又一次将股价下拉到更低的位置，KDJ 指标在 20 线以下形成了钝化。

在随后的半个小时内，成交量量能反复缩放，并出现间歇性的巨量，早盘巨量压价形态形成，导致股价震荡下跌，一路跌到了最低的 75.01 元。KDJ 指标随着股价的波动形成了一定的震荡，但大部分时间还是在 20 线以下钝化运行。

直到 10:00 左右股价才止跌，并在后续开始回升。KDJ 指标迅速在 20 线下方形成一个低位金叉后持续上扬，接近了 80 线。

在后续的交易时间内，股价一路回升到了均价线以上，但在 78.63 元附近受到压制后就没能再继续上扬，而是在均价线与 78.63 元的区间内反复震荡，最终以 2.41% 的跌幅收出一根阴线。

从 10 月 15 日股价的走势来看，整体还是比较低迷的。当投资者在早盘期间发现巨量压价形态，又难以借此准确判断后市走向时，就要回到 K 线图中分析当前位置了。

图 5-11 为隆基绿能 2020 年 8 月到 12 月的 K 线图。

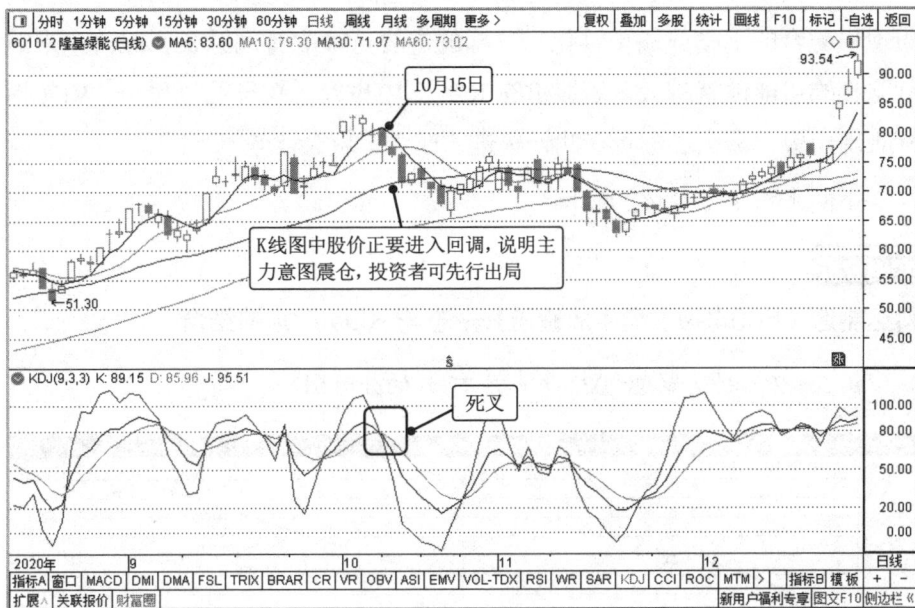

图 5-11　隆基绿能 2020 年 8 月到 12 月的 K 线图

从图 5-11 中可以看到，隆基绿能正处于上涨行情之中。8 月到 9 月，股价的涨势都比较稳定，KDJ 指标随着波动上涨的股价长时间在超买区附近震荡。

到 10 月中上旬，股价越过 80.00 元价位线后受到阻碍，有回落进入下跌的趋势。而 10 月 15 日正是股价下跌过程中的一个交易日，并且就在当日，KDJ 指标拐头向下形成了一个高位死叉。

结合 K 线图中的表现及分时图中的状态来看，股价极有可能进入回调之中。因此，中短线投资者可以在此位置先行卖出，避开后市的下跌，待到后期股价再次上涨时再买进。

5.4.2 盘中放量拉升形态

盘中放量拉升指的是股价在盘中运行时，成交量量能在某一时刻开始放大，带动股价不断向上攀升的形态。

盘中放量拉升的走势一般是股价积极上涨的表现，通常 KDJ 指标也会表现出配合的上扬或高位钝化，这样的走势持续的时间越长，股价未来继续上扬的可能性就越大。若股价在 K 线图中也处于拉升的过程中，KDJ 指标表现积极，那么投资者在此处买进的成功率就会比较高。

下面来看一个具体的案例。

实例分析

科达制造（600499）盘中放量拉升形态与 KDJ 指标的结合

图 5-12 为科达制造 2022 年 6 月 17 日的分时图。

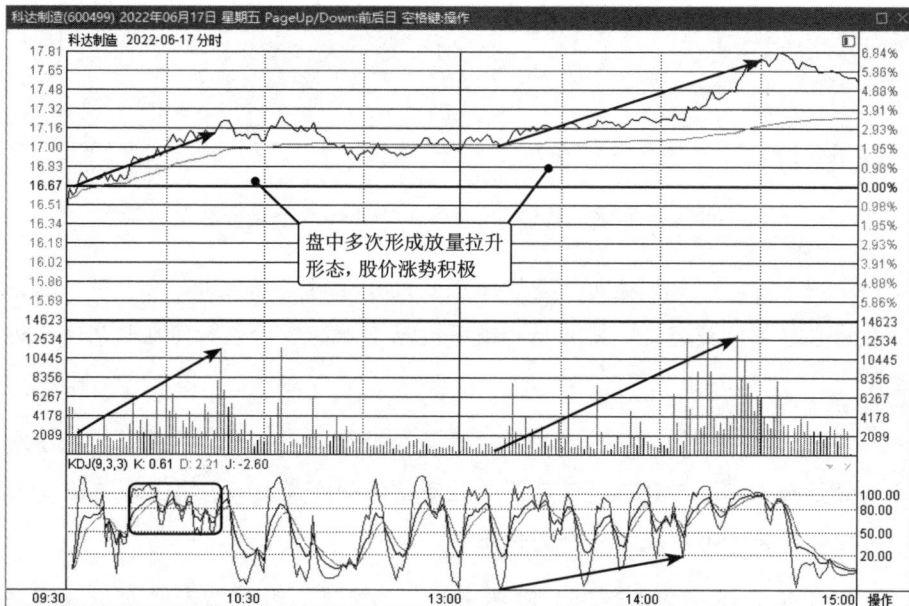

图 5-12　科达制造 2022 年 6 月 17 日的分时图

从分时走势中可以看到，科达制造在 2022 年 6 月 17 日这一天是以低价开盘的，开盘后股价便在均价线上得到强力支撑，向上运行。

在股价上升的过程中，成交量也形成了相应的放量推涨，一路将股价上推至 17.16 元价位线以上，形成了盘中放量拉升的形态。在此期间，KDJ 指标跟随运行到了超买区，并形成了高位钝化，显示出股价涨势的稳定。

10:17 之后，成交量量能开始回缩，无法为股价提高更强的推动力，导致股价形成了滞涨横盘。10:30 后不久，股价在 17.16 元价位线附近震荡一段时间后，最终还是出现了回落，小幅跌破均价线后得到支撑，形成相对低位的横向震荡。

下午时段开盘后，股价回升到均价线以上，又一次形成了上升走势。13:10 之后，成交量开始逐步放量，且放量速度越来越快，股价上涨的速度也在加快，量价之间又一次形成了放量拉升形态。KDJ 指标在跟随股价震荡的过程中，低点不断朝着高位移动，发出看涨信号。

下面再来看 K 线图中的情况。

图 5-13 为科达制造 2022 年 4 月到 7 月的 K 线图。

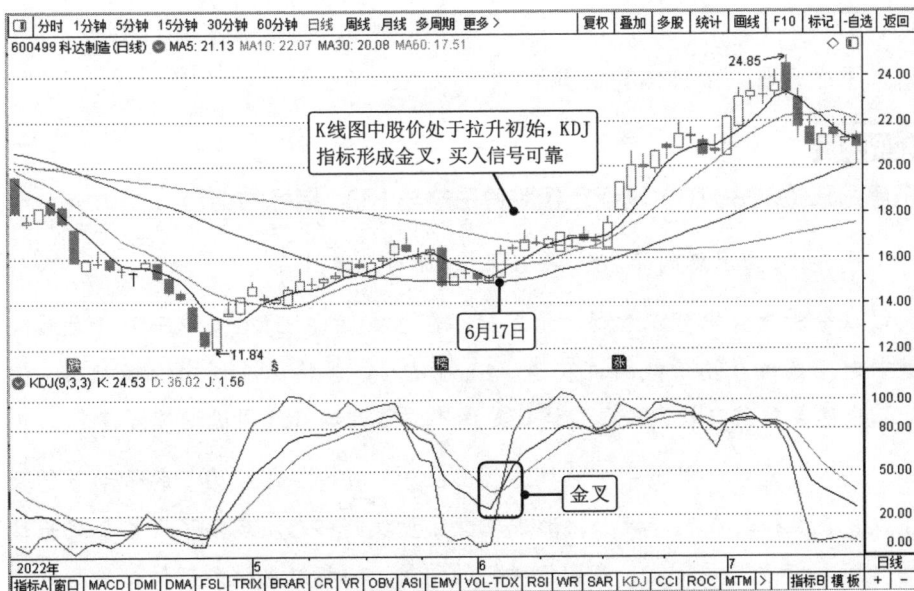

图 5-13　科达制造 2022 年 4 月到 7 月的 K 线图

从图 5-13 中可以看到，从 4 月底开始，股价创出 11.84 元的新低后便直接进入了拉升行情中。第一波拉升直接将股价带到了 16.00 元价位线上方，在进行了一次小幅回调后，股价开始了第二波上涨。

6 月 17 日正处于股价第二波拉升的起始位置，KDJ 指标还在当日形成了一个向上的黄金交叉。分时走势与 K 线图相结合，买入信号更为可靠，投资者可适当建仓。

5.4.3 尾盘巨量跌停形态

尾盘巨量跌停指的是股价运行到尾盘时，成交量形成巨量，对股价造成向下的巨大推动力，导致股价被封到跌停板上，直至收盘。

这种形态中存在很明显的主力痕迹，在尾盘使股价跌停，其目的大致有两种：一种是加快股价下跌速度，借此机会低位吸筹，这种情况常见于下跌行情的底部；另一种则是通过快速跌停来震仓，清理看多意愿不坚定的浮筹，这种情况则常见于阶段顶部。投资者需要根据股价位置的不同来进行决策。

下面来看一个具体的案例。

实例分析

乐惠国际（603076）尾盘巨量跌停形态与 KDJ 指标的结合

图 5-14 为乐惠国际 2020 年 8 月 26 日的分时图。

从分时走势中可以看到，乐惠国际在 2020 年 8 月 26 日这一天开盘后，就长时间围绕在均价线附近震荡。10:30 之后，股价上冲到均价线以上，但依旧未能突破前日收盘价，最终还是向下滑落到均价线附近继续震荡。

进入尾盘后，成交量突然接连放出巨量，股价在这股力量的带动下急速下跌，直至被封在跌停板上，形成尾盘巨量跌停形态。震荡了一整个交易日的 KDJ 指标也随之下坠，在股价跌停的同时，指标线也跌到低位，且不再产生波动。

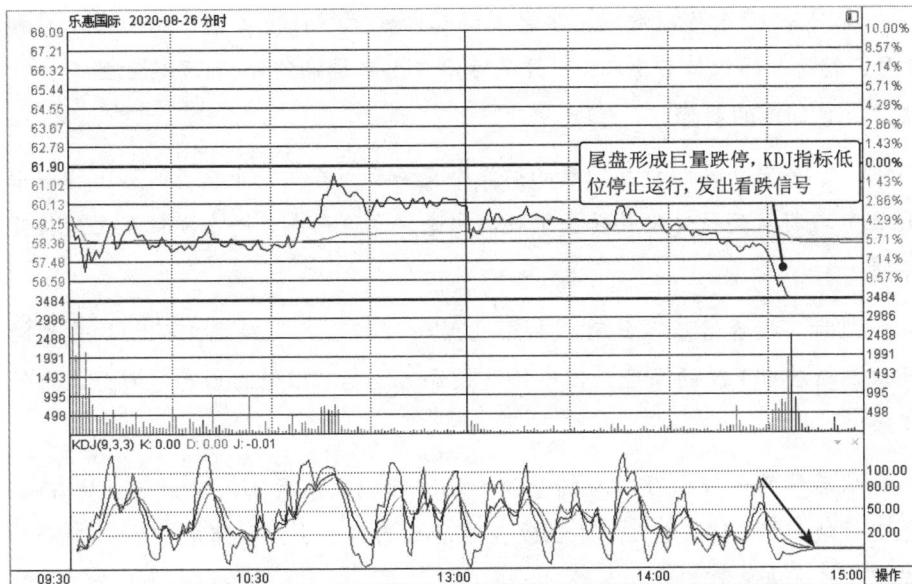

图 5-14　乐惠国际 2020 年 8 月 26 日的分时图

下面再来看 K 线图中的情况。

图 5-15 为乐惠国际 2020 年 7 月到 2021 年 4 月的 K 线图。

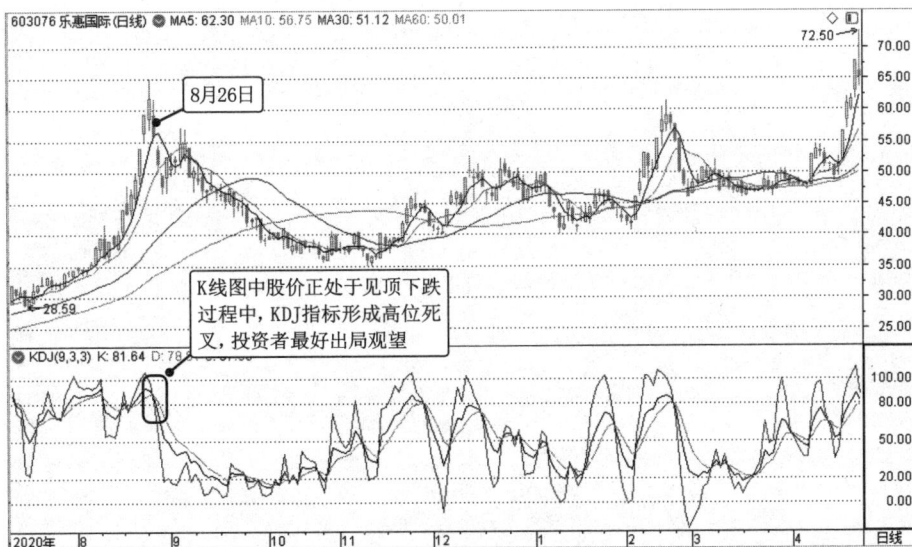

图 5-15　乐惠国际 2020 年 7 月到 2021 年 4 月的 K 线图

　　从图 5-15 中可以看到，乐惠国际正处于上涨行情之中。2020 年 7 月到 8 月，股价始终维持着上涨，8 月底股价在上涨接触到 65.00 元价位线后，出现了见顶回落的趋势。

　　8 月 26 日正是股价见顶后的第二个交易日，在同一个交易日，K 线图中的 KDJ 指标从高位钝化的转头中脱离出来，向下形成了一个高位死叉后接连下滑。

　　此时，投资者基本就可以判断出股价即将进入下跌之中了，尽管暂时无法判断后市下跌的深度，但中短线投资者还是可以借此出局，避开未来的下跌。

　　从后续的走势也可以看到，股价此次回调的幅度比较大，一直从 65.00 元附近跌到了 35.00 元上方才止跌，随后又回到了上涨轨道之中，此时场外观望的投资者又可以建仓入场了。

第6章

[KDJ指标和其他技术指标结合]

在众多技术指标中，KDJ指标属于应用范围较广、使用频率较高的一种。除了KDJ指标以外，还存在成百上千的技术指标可供投资者选择，比如均线指标、MACD指标、布林指标等，本章就将另外几种常用指标与KDJ指标结合，帮助投资者寻找买卖位置。

6.1　KDJ 指标与均线指标结合

均线指标全称为移动平均线，是一种借助"移动平均"的概念将一定周期内的股价数据进行平滑，从而得出的平均曲线，在炒股软件中常常被视作默认的主图指标，与 K 线结合使用。

在 K 线图中，均线的时间周期和数量都可以自由调整和组合。比较常见的就是 5 日均线、10 日均线、30 日均线（或者 20 日均线）和 60 日均线的组合，其中既有敏感的短周期均线，也有稳定的长周期均线，能够为投资者提供可靠的决策信息。

而 KDJ 指标与均线指标的结合，能够在一定程度上消除 KDJ 指标钝化及震荡频繁的问题，使得投资者能够在大量的买卖形态中分辨出有效的信号，从而提高操作效率。

6.1.1　KDJ 指标金叉时均线向上发散

均线的发散顾名思义就是均线从集中转而散开的过程。当股价涨势或跌势减缓，进入横盘或震荡状态，均线组合就会黏合在一起，在某一时刻股价恢复上涨或下跌后，均线组合就会朝着股价运行的方向辐射开来，形成向上或向下的发散。

也就是说，当均线组合向上发散，就意味着股价脱离整理区域开始向上运行。若 KDJ 指标能在同一时间形成黄金交叉（或者二次金叉），那么股价的涨势就能够得到确定，KDJ 指标与均线组合的买入形态也可以互相得到验证。此时投资者再买进，其成功率相较于依靠单一的 KDJ 指标来说，就会增加不少。

实例分析

金发科技（600143）KDJ 指标金叉时均线向上发散

图 6-1 为金发科技 2020 年 11 月到 2021 年 3 月的 K 线图。

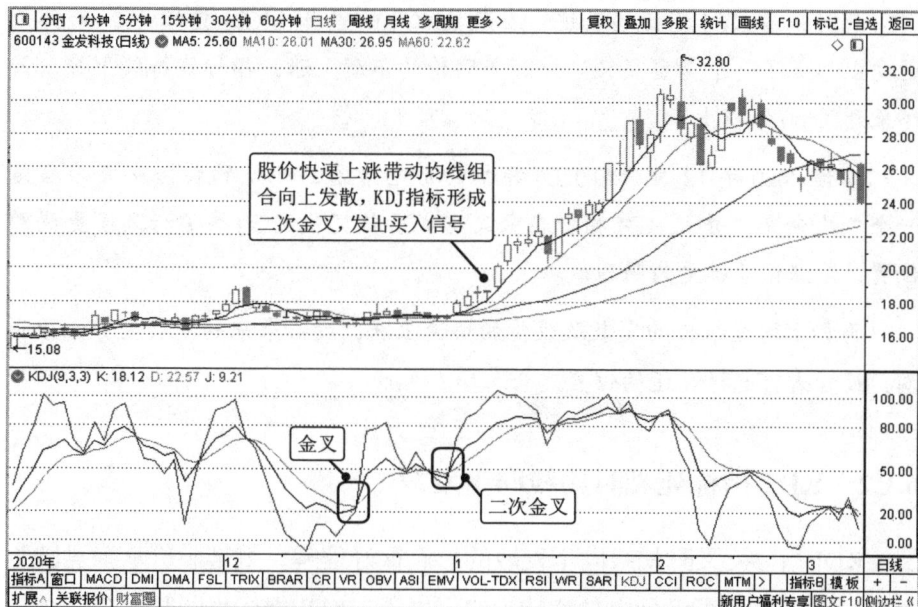

图 6-1　金发科技 2020 年 11 月到 2021 年 3 月的 K 线图

从图 6-1 中可以看到，金发科技正处于上涨行情之中。从 2020 年 11 月开始，股价就在持续向上攀升，只是上涨速度比较慢，幅度也不大，导致均线组合聚拢黏合在一起。与此同时，KDJ 指标也在越过 50 线不久后形成了钝化。

12 月初，股价上涨越过 18.00 元价位线后受到阻碍回落，跌至 30 日均线和 60 日均线附近后止跌，进入了横盘震荡之中。在此期间，均线组合继续黏合在一起。

此时，KDJ 指标则在股价回调的带动下跌落到 20 线附近，后续随着股价的震荡形成了一个向上的黄金交叉。但股价当前还未摆脱横盘状态，KDJ指标只能在 50 线附近徘徊。

2021 年 1 月初，股价突然大幅上冲，快速远离横盘区域，向着高处运行。与此同时，最敏感的 5 日均线和 10 日均线跟随股价上扬，滞后性较强的 30 日均线和 60 日均线紧随其后，四条均线由于反应速度的不同，向上形成了发散形态。

此时来看 KDJ 指标的表现，在股价上冲的当日，KDJ 指标就在 50 线附近向上形成了一个黄金交叉。伴随着股价的不断上涨，指标线持续上扬，最终来到了 80 线以上。

结合 2020 年 12 月中旬 KDJ 指标的形态来看，此处的黄金交叉应当是一个二次金叉，并且 KDJ 指标在金叉形成后就突破了 50 线运行到了更高的位置，看涨信号就更为强烈。

再加上均线组合的发散及股价的快速上涨，股价未来的发展趋势十分明朗，投资者可选择合适的位置建仓入场。

6.1.2 KDJ 指标死叉时均线向下发散

KDJ 指标死叉时均线向下发散的形态很好理解，就是股价从横盘转为下跌时，带动均线组合由黏合转为向下发散，KDJ 指标也同时形成一个死亡交叉。

这样的状态常见于下跌行情的初期及下跌过程中，说明市场抛压在不断增大，买盘难以消化，代表的也都是股价跌势即将延续，后市高度看跌的含义。

当然，在上涨行情中这样的形态也不少见，不过其代表的就是股价的深度回调了。只要股价没有彻底转向下方形成下跌行情，那么后市依旧存在上涨空间，但由于其下跌幅度可能比较大，中短线投资者最好还是先行卖出观望。

下面来看一个具体的案例。

实例分析

今世缘（603369）KDJ 指标死叉时均线向下发散

图 6-2 为今世缘 2020 年 12 月到 2021 年 5 月的 K 线图。

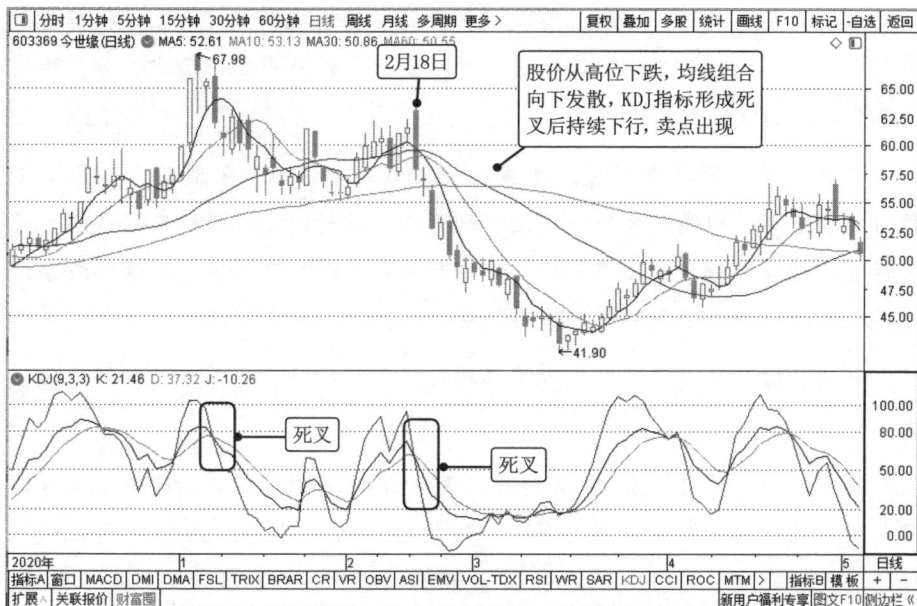

图 6-2　今世缘 2020 年 12 月到 2021 年 5 月的 K 线图

从图 6-2 中可以看到，今世缘正处于上涨行情向下转势的过程中。在 2020 年 12 月期间，股价还在快速上涨，在经历一系列震荡后，于 2021 年 1 月初冲上了 65.00 元价位线，均线组合随之向上分散开来。

在创出 67.98 元的高价后，股价很快便拐头进入下跌之中，带动均线组合中的 5 日均线和 10 日均线快速向下转折，并靠近 30 日均线。原本在高位震荡的 KDJ 指标也跟随股价转向下方，形成了一个死亡交叉。

1 月中旬，股价跌至 55.00 元价位线附近后得到支撑，开始了横向的震荡。在此期间，股价长时间在 55.00 元到 62.50 元进行上下波动，导致 KDJ 指标在低位形成了并不严重的钝化，均线组合也逐步聚拢在一起，形成了黏合形态。

2 月 18 日，股价以高价开盘后持续低走，盘中到达低位后小幅回升，但最终还是以 6.00% 的跌幅收出了一根大阴线。

借助这根大阴线，股价直接跌穿了 5 日均线、10 日均线和 30 日均线，并带动这三条均线拐头下跌，形成了初步的发散。就在当日，KDJ 指标也向下形成了一个死亡交叉。二者结合起来，发出了比较明显的卖出信号，谨慎的投资者此刻就应当卖出。

在此之后股价接连下滑，跌速较快。60 日均线很快被股价和其他三条均线相继跌穿，均线组合形成了向下的发散。同时，KDJ 指标在形成死亡交叉后也快速向下移动接近 20 线，最终进入了超卖区内，并在后续形成了低位钝化，进一步确定了下跌走势的形成。

此时，股价的跌势已经得到了两项技术指标的验证，并且其跌幅也比较大了。

从后续的走势可以看到，股价在跌至 42.00 元价位线附近后得到了支撑，开始进行快速的反弹。截至 4 月底，股价已经向上越过了 55.00 元价位线，证明其反弹高度还是比较可观的，没有出局的投资者可在股价反弹高位出局，尽量减少一些损失。

6.1.3　KDJ 指标形成背离后均线转向

KDJ 指标形成背离后均线转向，主要包括两种情况：一种是 KDJ 指标与股价形成顶背离后均线组合向下转向；另一种则是 KDJ 指标与股价形成底背离后均线组合向上转向。

一般来说，无论是 KDJ 指标的顶背离还是底背离，都会在均线组合形成转向之前出现，属于提前预警的形态。当 KDJ 指标的背离形成后，若均线组合能在后续形成向上或向下的转向，那么 KDJ 指标的背离信号就能得到证实。

这里说的均线组合的转向，并不一定要等到所有均线都转向后才能确定涨势或跌势。其实，只要 5 日均线、10 日均线和 30 日均线这 3 条时间周期相对较短的均线完成转向，对于中短线投资者来说就已经足够了，在此处就可以进行买卖操作。

不过，60 日均线的转向能够更加确定行情的变动，对于部分惜售的中线投资者来说还是具有很大的参考价值。因此，在 KDJ 指标与均线组合相互验证，60 日均线也彻底完成转向后，这部分中线投资者也可以根据行情位置来选择买卖点。

下面来看一个具体的案例。

实例分析

云天化（600096）KDJ 指标形成顶背离后均线向下转向

图 6-3 为云天化 2021 年 7 月到 2022 年 1 月的 K 线图。

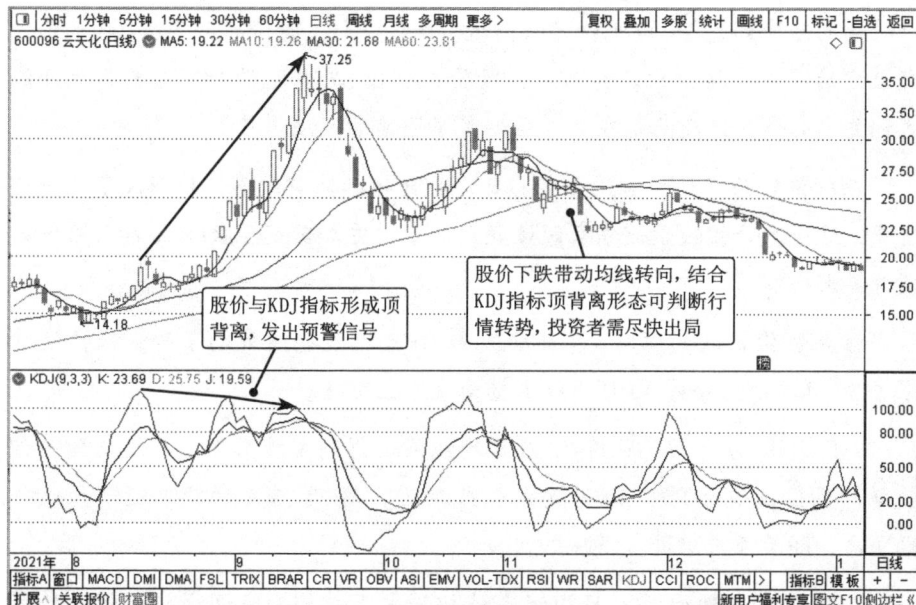

图 6-3　云天化 2021 年 7 月到 2022 年 1 月的 K 线图

从图 6-3 中可以看到，云天化正处于上涨行情的高位。2021 年 7 月底到 8 月初，股价经历了一波回调和上涨的走势，后续又开始了快速稳定的上涨。

8 月中旬，股价上涨至 20.00 元价位线附近后受到阻碍，又形成了一次小幅回调。KDJ 指标在 80 线附近转折向下，形成了一个波峰，J 线的高点来到了 100 线以外。

8 月下旬，股价回调到 30 日均线上方后就止跌并再次上涨，后续涨速大大加快。直到上涨至 25.00 元价位线附近后，股价的涨速才逐步放慢，形成了一次短暂的横盘整理。

与此同时，KDJ 指标在上冲后再次拐头向下，形成了又一个波峰。观察这个波峰与前一个的对比可以发现，这里的高点有所下降，与高点上移的股价形成了初步的顶背离形态。但此时均线组合的上扬角度稳定，股价走势还没有转向的迹象，投资者可在谨慎中继续持股。

继续观察后面的走势。9 月初，股价结束横盘回到上涨轨道之中，再次以极快的涨速到达 35.00 元价位线附近。9 月中旬，股价冲到了 35.00 元价位线上方后滞涨，场内推动力不足，股价在创出 37.25 元的新高后就再也没能达到更高的位置，反而是在数日后形成了快速的下跌走势。

在股价转而下跌的前几个交易日，KDJ 指标提前向下转折形成了又一个波峰，这个波峰相较于前期来说位置更低了，更加确定了 KDJ 指标与股价的顶背离形态。

就在股价下跌的同时，5 日均线和 10 日均线也被带动下行，很快便跌穿了 30 日均线，导致 30 日均线上扬角度明显变缓。

9 月底到 10 月初，股价在 60 日均线附近得到支撑形成了一次反弹，但反弹的高位仅仅达到了 30.00 元价位线附近，离 37.25 元的顶部还有很长一段距离，随后便再次进入下跌。

股价再次下跌后，30 日均线也被扭转向下，三条时间周期较短的均线都维持了向下的转向，60 日均线也逐步走平。再结合 KDJ 指标前期的顶背离预警形态，投资者基本就可以判断出行情的转势了，此时就要抓紧时间借高出货，保住收益。

6.2　KDJ 指标与 MACD 指标的操作

MACD 指标全称为平滑异同移动平均线，其本质是通过连续滚动比较一定周期内的涨速或跌速，判断上涨或下跌的趋势是否能够保持的一种类均线指标。

MACD 指标包含快线 DIF、慢线 DEA、MACD 柱状线及零轴，投资者可通过分析 DIF 与 DEA 的交叉形态及其所处的位置，判断当前市场行情的大致走势。

相较于敏感的 KDJ 指标来说，MACD 指标的运行就要稳定得多，二者的结合往往能实现互补的作用，进而提高中短线投资者的操作效率和成功率。

6.2.1　两项指标的交叉共振

两项指标的交叉共振指的是股价在运行到某一时刻，有产生大幅变动的趋势，或是已经产生大幅度变动时，MACD 指标与 KDJ 指标都能形成方向相同的交叉形态，形成共振，加强买卖信号的现象。

这里的交叉主要分为两种，即黄金交叉和死亡交叉。通过对前面内容的学习，相信投资者已经对 KDJ 指标的金叉和死叉有了详细的了解，下面就来介绍 MACD 指标的金叉和死叉。

MACD 指标的金叉指的是 DIF 线自下而上穿过 DEA 线形成的方向向上的交叉，死叉则指的是 DIF 线自上而下穿过 DEA 线形成的方向向下的交叉。

由于 MACD 指标具有一条零轴，通过这条零轴可将金叉与死叉大致分为高位金叉、低位金叉、高位死叉和低位死叉四种。与 KDJ 指标类似，MACD 指标的低位金叉和高位死叉更具有说服力。

由于两项指标的敏感度不同，当股价在运行过程中即将或已经产生大幅变动时，KDJ 指标往往会提前于 MACD 指标形成交叉，但这并不影响二者的共振。若 MACD 指标能在后续形成相应的低位金叉或是高位死叉，那么此处的买卖信号将会非常强烈，投资者可做出相应操作。

下面来看一个具体的案例。

实例分析

新风光（688663）KDJ 指标与 MACD 指标信号共振

图 6-4 为新风光 2021 年 9 月到 2022 年 2 月的 K 线图。

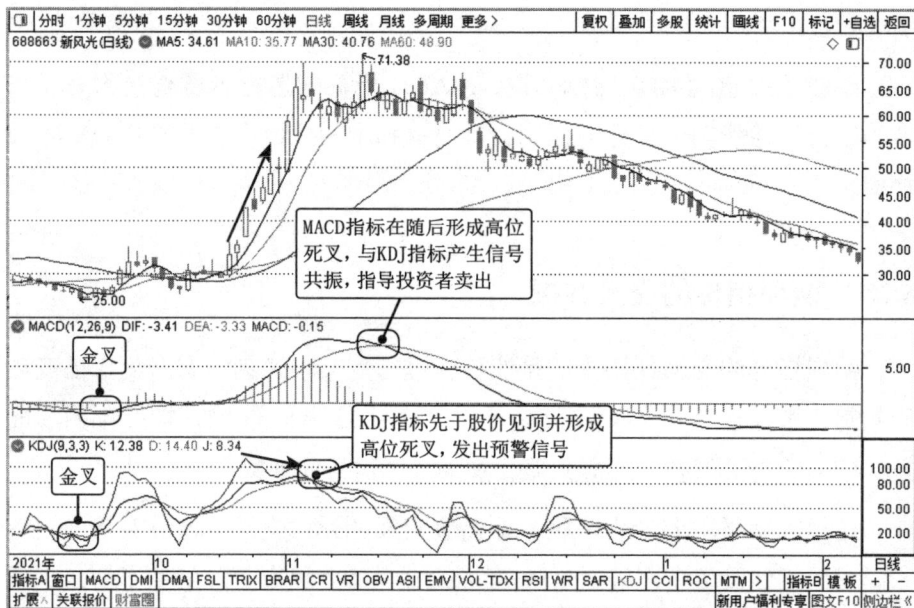

图 6-4　新风光 2021 年 9 月到 2022 年 2 月的 K 线图

从图 6-4 中可以看到，新风光正处于上涨行情的顶部。在 2021 年 9 月中旬，股价在回调中来到了 25.00 元的低位后，便得到多方支撑开始上涨。原本在零轴以下运行的 MACD 指标逐步向上移动，KDJ 指标也脱离低位钝化区域，开始向上攀升。

此时，首先发出看多信号的是 KDJ 指标，9 月下旬，KDJ 指标在 20 线以下构筑出一个低位金叉。MACD 指标也紧随其后，也形成了一个位于零轴以下的低位金叉，二者产生了金叉共振，发出了明确的买入信号。

不过，由于市场支撑力仍需等待确认，该股在 10 月初时进行了一次回调。不过此次回调并未跌破前期低点，而是在更高的位置被强势推涨向上，股价越到后期涨速越快，进一步确定了前期发出的买入信号，谨慎的投资者也可以买进了。

在此之后，两项指标迅速上扬，KDJ 指标很快进入 80 线以上并形成钝化，MACD 指标则逐步来到了较高的位置。

11 月初，股价上冲的速度减缓，在 70.00 元价位线附近受到压制后形成了小幅回落，随后便在 60.00 元价位线上方横盘震荡。

此时来观察 KDJ 指标，可以发现早在股价前期的上升过程中，KDJ 指标中的 J 线就已经开始向下移动了，与股价产生了顶背离。就在股价受压回落的同时，KDJ 指标也在 80 线上方形成了向下的死亡交叉，两种卖出形态的出现，向投资者传递出了预警信号。

而此时 MACD 指标还未形成向下的交叉，仅仅是其中的快线 DIF 形成明显走平，并有下滑的趋势，慢线 DEA 还维持着上扬。

11 月中旬，股价再一次上冲后创出了 71.38 元的新高，但后续未能继续上扬，而是又回到了横盘区间内。受到此次回落的影响，MACD 指标向下形成了一个高位死叉，与提前形成高位死叉的 KDJ 指标形成了信号共振，发出了强烈的卖出信号。

尽管此时股价还未彻底进入下跌之中，但两项指标的死亡交叉共振及后续的持续下行，都向投资者传递了明确的看跌信号，谨慎的投资者最好此时就跟随指标发出的卖出信号出局。

从后续的走势也可以看到，就在指标共振形成后不久，股价就一路跌破 60.00 元的支撑线，并在接下来的时间里接连下滑，下跌行情得到了确定，此时还未出局的投资者应马上抛售。

6.2.2　KDJ 指标高位钝化时 MACD 柱状线的变化

KDJ 指标高位钝化时，证明股价正在经历稳定的上涨，这样才能将

KDJ 指标带到超买区附近。

一般来说，如果股价涨势不减，那么 MACD 指标也会同步形成上扬，MACD 柱状线自然会在零轴上方不断放大。但如果 MACD 指标线呈现出了走平甚至下行的趋势，MACD 柱状线开始走平或是缩减，意味着股价可能即将滞涨或是转向下跌。

此时的 KDJ 指标可能还处于高位钝化过程中，直到股价彻底转向才会脱离钝化开始下跌。那么 MACD 柱状线的表现就提供了重要的参考和提前的预警，谨慎的中短线投资者完全可以提前出局，保住收益。

下面来看一个具体的案例。

实例分析

兰州黄河（000929）KDJ 指标高位钝化时 MACD 柱状线的变化

图 6-5 为兰州黄河 2021 年 4 月到 8 月的 K 线图。

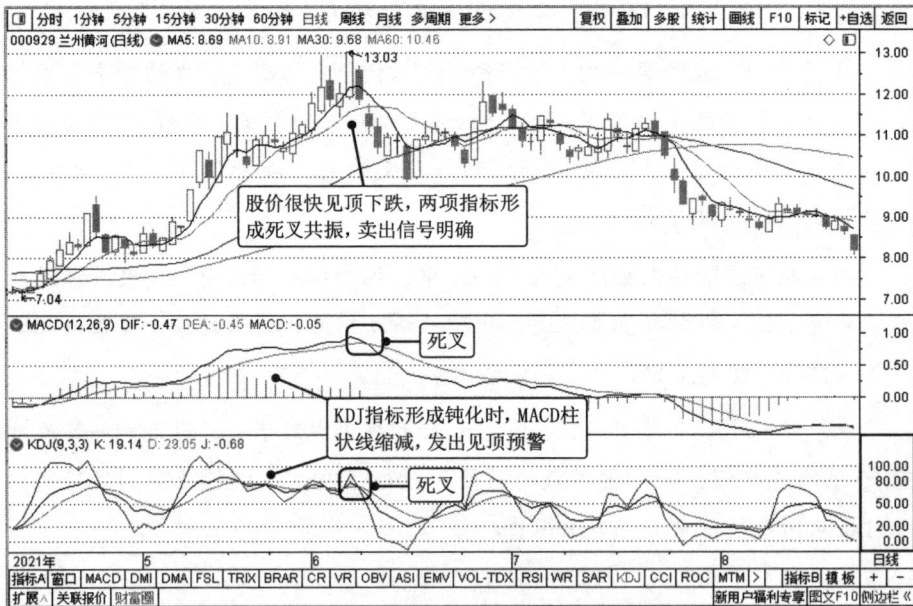

图6-5　兰州黄河 2021 年 4 月到 8 月的 K 线图

从图 6-5 中可以看到，兰州黄河正处于上涨行情的顶部。从 4 月初开始，股价就在不断快速地上涨，直到 4 月下旬越过 9.00 元价位线后受到阻碍，进入了回调之中。

不过此次回调幅度较小，时间也不长，股价跌至 8.00 元价位线附近，短暂横盘一段时间后就再次向上，回到了上涨轨道之中。KDJ 指标在跟随股价震荡之后，也逐步向上靠近了 80 线，MACD 指标则在波动中持续上行，MACD 柱状线呈放大状态。

5 月中旬，股价上涨至 11.00 元价位线附近后再次受到压制，在其下方形成横盘。KDJ 指标在上冲至超买区后受到影响小幅下滑，在 80 线附近形成高位钝化，证明股价还有上涨空间。

投资者在观察 MACD 指标时可以发现，在股价形成横盘之后，MACD 指标中的快线 DIF 明显减缓上扬角度。而变动幅度更大的是 MACD 柱状线，在股价横盘的过程中不断缩减，与仍在高位形成钝化的 KDJ 指标形成了背离，发出了提前预警的信号。

尽管在 5 月底股价又恢复了上涨，KDJ 指标也依旧维持着高位钝化，但 MACD 柱状线放大的幅度明显不如以往，持续向投资者传递着股价即将见顶的信号，谨慎的投资者可以提前卖出。

这样的走势一直持续到 6 月初，股价在创出 13.03 元的新高后见顶，并在后续进入了快速的下跌之中。

此时来观察两项指标的表现，MACD 指标与 KDJ 指标几乎在同时形成了向下的死亡交叉，并且都是在相对高位形成的。MACD 柱状线更是直接进入了零轴以下，来到了空头市场内，结合前期的预警，此处的卖出信号就更为迫切了，投资者最好及时出局。

6.2.3　KDJ 指标低位钝化时 MACD 柱状线的变化

KDJ 指标低位钝化的过程中，股价可能还在不断下跌，只要 KDJ 指标线没有脱离钝化区域，那么股价的跌势就将持续。

若在 KDJ 指标形成低位钝化的时间内，MACD 指标中的 MACD 柱状线在零轴以下形成缩减（这里的缩减是指 MACD 柱状线向上靠近零轴），快线 DIF 也在低位逐渐走平甚至向上转向，这就形成了股价即将见底的信号，属于积极的看多形态。

因此，投资者在发现 MACD 指标的异常后就要对该股保持高度关注，一旦股价产生见底回升的趋势，KDJ 指标又与 MACD 指标形成金叉共振，那么后市就可能会迎来一波上涨，中短线投资者可适当参与。

下面来看一个具体的案例。

实例分析

公元股份（002641）KDJ 指标低位钝化时 MACD 柱状线的变化

图 6-6 为公元股份 2021 年 8 月到 2022 年 1 月的 K 线图。

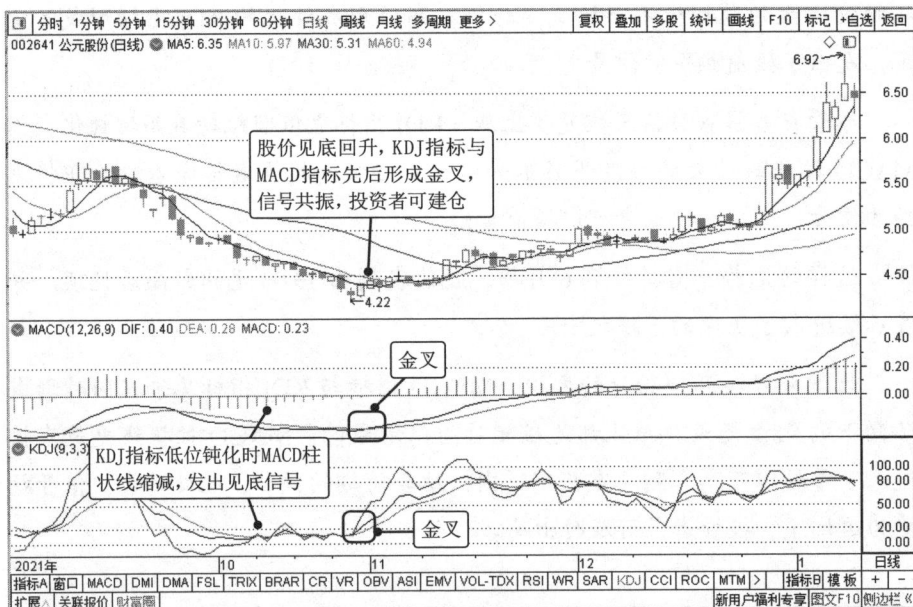

图 6-6　公元股份 2021 年 8 月到 2022 年 1 月的 K 线图

从图 6-6 中可以看到，公元股份正处于下跌走势向上转折的过程中。在

2021 年 9 月初，股价还在进行反弹，上涨至 30 日均线附近后止涨回落，继续下跌走势。

在股价转向下跌的同时，KDJ 指标与 MACD 指标先后形成了向下的转折，并在后续伴随着股价的下跌而持续下行。

9 月底，KDJ 指标下滑进入了超卖区，股价也在同一时期减缓跌速，导致 KDJ 指标在超卖区内形成了低位钝化。

反观 MACD 指标可以发现，股价在放慢跌速后，MACD 指标中的柱状线在零轴下方形成了回缩，快线 DIF 的下滑角度也有所减缓。

在后续的交易时间内，伴随着股价的持续下滑，MACD 柱状线回缩得愈发明显，DIF 线与 DEA 线逐渐走平。这说明当前距离股价见底的位置越来越近了，投资者要保持高度关注。

10 月底，股价在跌破 4.50 元价位线后继续下行，在创出 4.22 元的新低后便止跌回升。就在股价止跌收阳的同时，KDJ 指标立刻脱离钝化区域，向上形成了一个低位金叉，发出了买入信号。

MACD 指标紧随其后，DIF 线上穿 DEA 后也形成了一个低位金叉，MACD 柱状线进入多头市场，并伴随着指标线的上升而放大。两项指标共振，更加强了彼此的买入信号，激进的投资者可在此建仓。

从后续的走势也可以看到，股价在回到 4.50 元价位线附近后横盘了一段时间，但最终还是突破该价位线，随后迎来的便是一波稳定的波浪形上涨。待到进入 12 月底后，股价涨速更是得到了极大的加快，为场内的投资者带来了丰厚的收益。

6.3　KDJ 指标与布林指标应用

布林指标也叫布林线或是布林通道，是趋势性指标的一种。它具有上轨线、中轨线及下轨线 3 条线，股价大部分时间都运行在上轨线与下轨线之间。

通过这三条线与股价之间的位置关系及自身的扩张与收缩形态，投资者能够有效判断出股价可能的变动方向。

而布林指标与 KDJ 指标的结合，除了进一步加强两项指标的买卖信号之外，布林指标还能在一定程度上平滑掉 KDJ 指标中的错误信号，让投资者在定位买卖位置时更加精准。

6.3.1　股价跌破布林指标中轨线+KDJ 指标死叉

布林指标中的中轨线一般是用于判断股价当前多空强弱的依据。当股价长时间运行于中轨线以上，甚至与中轨线拉开了一段距离，就说明当前市场行情积极看多，股价涨势喜人。

但当股价长时间运行于中轨线以下，甚至向下与中轨线拉开距离的话，就意味着当前行情走弱，市场积极性不高。

因此，股价自上而下跌破中轨线的过程，就是市场由多转空，进入下跌的过程。若 KDJ 指标在同一时间形成一个向下的死亡交叉，那么股价的跌势就能得到确认，此处的卖出信号也得到了加强。

注意，这里的死亡交叉有可能是近段时间内 KDJ 指标的二次死叉甚至是三次死叉。这是因为股价在由上涨转为下跌的时候，这一次的转折就会让 KDJ 指标形成一次死叉，但此时股价距离中轨线还有一段距离。

接下来，股价靠近中轨线时可能会形成反弹或走平，导致 KDJ 指标跟着反弹。不过股价跌破中轨线时形成的快速下跌，会带动 KDJ 指标再次向下转折，这样的过程如果多次产生，就可能导致 KDJ 指标形成多次死叉。

因此，机警的投资者在发现股价拐头向下靠近中轨线，KDJ 指标形成第一个死叉后，就直接提前出局了。待到二次死叉形成，中轨线也被跌破，惜售的投资者也需要卖出了。

下面来看一个具体的案例。

实例分析

大元泵业（603757）股价跌破布林指标中轨线+KDJ 指标死叉

图 6-7 为大元泵业 2020 年 8 月到 12 月的 K 线图。

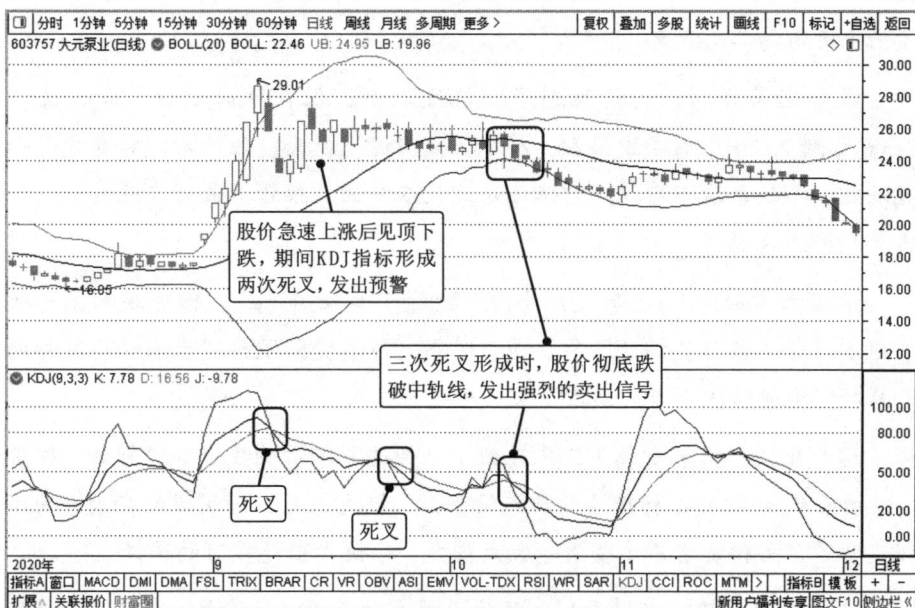

图 6-7　大元泵业 2020 年 8 月到 12 月的 K 线图

从图 6-7 中可以看到，大元泵业正处于阶段性的高位。在 8 月中旬之前，股价还位于布林中轨线下方运行，在 16.00 元价位线附近得到支撑后，股价开始快速上涨，并成功突破了中轨线的压制。

8 月底，股价在突破中轨线后形成了一段时间的横盘，不过很快便连续收阳上冲。在接连涨停的带动下，股价的涨速极快，甚至来到了上轨线之外，并创出 29.01 元的新高。

但就在创新高的次日，股价出现了大幅的下跌，一个交易日内就从 29.00 元价位线附近跌落至 26.00 元价位线以下，并且在后续还有继续下跌的趋势。KDJ 指标跟随快速向下转折，并在 80 线以上形成了一个高位死叉，发出了初步的卖出信号。

两个交易日后，股价在 24.00 元价位线下方得到了支撑，小幅回升到了 26.00 元价位线附近，随后在横向运行的过程中逐步向着上扬的中轨线靠近。

在此过程中，KDJ 指标形成了小幅的反弹，但还没等到 J 线和 K 线彻底突破 D 线，股价就离开了 26.00 元开始下跌，导致 KDJ 指标再次下行，形成了一个近似的二次死叉。

数个交易日后，股价跌到了中轨线以下，但在跌破之后，股价又在 24.00 元到 26.00 元形成了横盘，与中轨线形成了交叉，因此不能将其视作彻底跌破。不过，后市看跌的意味还是比较浓重的，投资者最好在此处就及时出局，保住收益。

继续来看后面的走势。10 月初，股价连续收阴下跌，彻底跌到了中轨线以下，并不断与其拉开距离。同一时刻，原本受到股价横盘影响而反弹的 KDJ 指标迅速转向下方，形成了又一个死亡交叉。

这个死叉严格来看属于三次死叉了，但这并不影响投资者的判断。股价之后的表现与 KDJ 指标前后的状态结合，已经能够充分说明股价在未来的消极走势了，若投资者不希望遭受太大损失，尽快卖出是较好的选择。

从后续的走势也可以看到，股价虽然在跌至 22.00 元价位线附近后得到一定支撑，形成了一次反弹，但反弹的高度有限，仅仅小幅越过了中轨线一段时间，便在上轨线的压制下继续下跌，进一步确认了趋势的转变，还留在场内的投资者要抓紧时间出局了。

6.3.2　股价突破布林指标中轨线+KDJ 指标金叉

当股价向上突破布林指标中轨线时，就意味着市场由空转多，看涨的力量占据了上风，股价短时间内将迎来一波上扬，这是投资者建仓的好机会。

与之前介绍的股价跌破中轨线时 KDJ 指标的表现类似，在股价突破中轨线的同时，KDJ 指标有可能形成的是二次金叉甚至是三次金叉，但无论是几次金叉，该指标对布林指标买入信号的确认都是存在的。

　　因此，投资者就可以根据 KDJ 指标形成金叉的次数和位置，以及布林指标中轨线与股价之间的关系来判断合适的买入时机，在确认安全的情况下，尽量扩大自己的收益。

　　下面来看一个具体的案例。

实例分析

德业股份（605117）股价突破布林指标中轨线+KDJ 指标金叉

　　图 6-8 为德业股份 2022 年 2 月到 7 月的 K 线图。

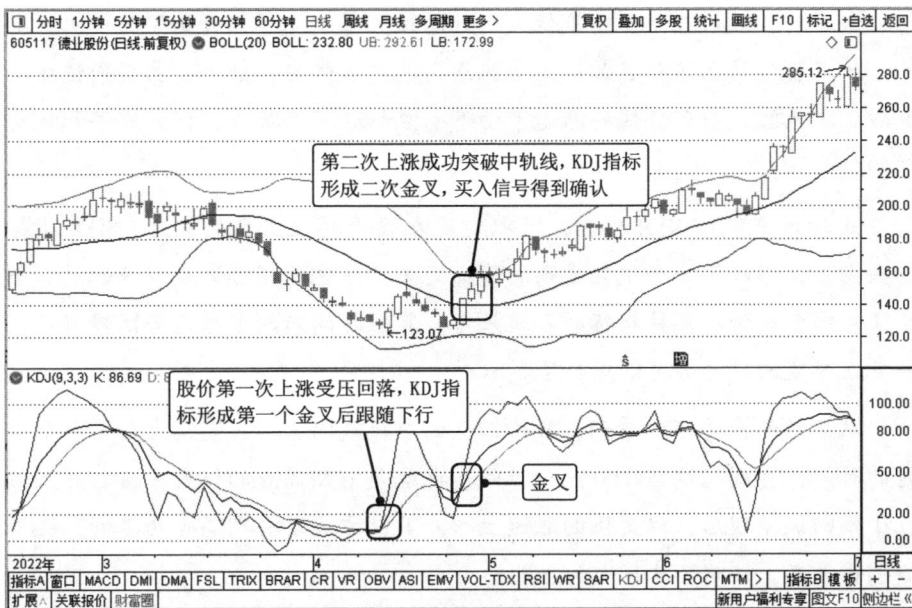

图 6-8　德业股份 2022 年 2 月到 7 月的 K 线图

　　从图 6-8 中可以看到，德业股份正处于下跌趋势向上转向的过程中。在 2 月期间，股价还在进行快速的反弹，在小幅越过 200.00 元价位线后滞涨，随后便开始逐步向下滑落。

　　3 月中旬，股价彻底跌破了布林指标中轨线，由于股价跌速较快并且比较连贯，KDJ 指标在形成第一个死叉后就持续下滑，没有在股价跌破中轨线的过程中形成又一个死叉，只是 J 线的波动幅度较大而已。即便如此，股价的跌势也得到了确定，投资者此时不宜参与。

进入 4 月后，KDJ 指标进入了超卖区并形成钝化，股价跌势还在继续。4 月中旬，股价创出了 123.07 元的新低后得到了多方的支撑，开始收阳上涨。KDJ 指标迅速拐头向上，形成了近期第一个黄金交叉，并且是低位金叉，可信度较高。

但仅在三个交易日后，股价便受到了中轨线的压制，不得不再次回落。KDJ 指标转而向下，落到了 50 线以下并形成交叉。

数日后，股价在跌至前期低点附近的位置得到支撑，开始了又一次的上冲。此次股价的涨速明显加快，上涨意愿也更加坚定，数个交易日内便成功突破了中轨线，并在极快的涨速带动下小幅越过了上轨线，传递出了积极看涨的信号。

此时再来观察 KDJ 指标，可以发现在股价再次上行的同时，KDJ 指标拐头向上，形成了一个位置更高的黄金交叉，这也是指标近期以来的第二个金叉。结合股价和布林指标的表现来看，其短时间内的上涨趋势比较确定，一直在观望的投资者可以建仓了。

从后续的走势可以看到，股价回升到中轨线以上后，震荡上涨了一个多月的时间，直到越过 200.00 元价位线，也就是前期高点的位置才被打断。但在小幅回调整理后，以更快的涨速上冲，不仅冲破了前期高点的限制，还不断创出新高，证明了其巨大的上涨潜力。

6.3.3 布林通道开口之前 KDJ 指标转向

首先来介绍一下什么是布林通道的开口和收口。

从前面案例 K 线图中布林指标的表现可以看出，在大部分时间，上轨线和下轨线都将股价限制在一定范围内运行，两条线构成了一条通道，这就是布林通道。

但每当股价产生大幅度变动，比如突然暴涨或暴跌时，为了继续包裹住股价，布林通道会向两边大幅扩张，形成一个类似喇叭的开口形态，这就是布林通道的开口。

而当股价从大幅变动中恢复平静，开始窄幅波动时（尤其是横盘时），布林通道无须扩张得那么大，自然会往回缩到合适的位置，这就形成了布林通道的收口。

那么，布林通道的开口代表的含义就比较清晰了，即股价即将面临大幅变动。为了辨别变动的方向，除了利用布林指标中轨线与股价的位置关系，投资者还可以通过更敏感的 KDJ 指标来观察。

很多时候，股价在形成足以使布林通道开口的暴涨或暴跌之前，会向着即将运行的方向缓慢前进，比如在形成暴涨之前先小幅上移，在形成暴跌之前缓慢下滑等。

这时候股价可能还处于中轨线以下或以上，在没有突破或跌破中轨线的情况下，投资者很难分辨后市是否会延续当前走势。在这种情况下，能够提供预先信号的 KDJ 指标就显得十分关键了。

若 KDJ 指标能够在股价形成小幅变动的同时，朝着同样的方向转向，或是出现低点（高点）跟随上移（下移）的情况，就能够向投资者传递出提前的信号，进而帮助投资者在布林通道开口的同时确定其运行方向，进而做出决策。

下面来看一个具体的案例。

实例分析

浙江世宝（002703）布林通道开口之前 KDJ 指标转向

图 6-9 为浙江世宝 2022 年 4 月到 8 月的 K 线图。

从图 6-9 中可以看到，浙江世宝正处于上涨行情之中。在 4 月底之前，股价还在进行回调，直到创出 3.87 元的阶段新低后，才开始在多方的推涨下缓慢向上攀升。

由于股价的涨速比较慢，在其转向后两周左右的时间内，股价都还在布林中轨线以下运行，布林通道的宽度也没有产生太大的改变。

但观察 KDJ 指标就可以发现，在股价与布林指标的变动幅度都比较小时，KDJ 指标却在 20 线以下形成了一个低位金叉，随后快速向上攀升，逐步接近了超买区，发出了明显的买入信号。

此时，尽管布林通道完全没有开口的迹象，股价也没有成功突破中轨线，但投资者依旧可以看多该股，进而谨慎建仓或保持关注。

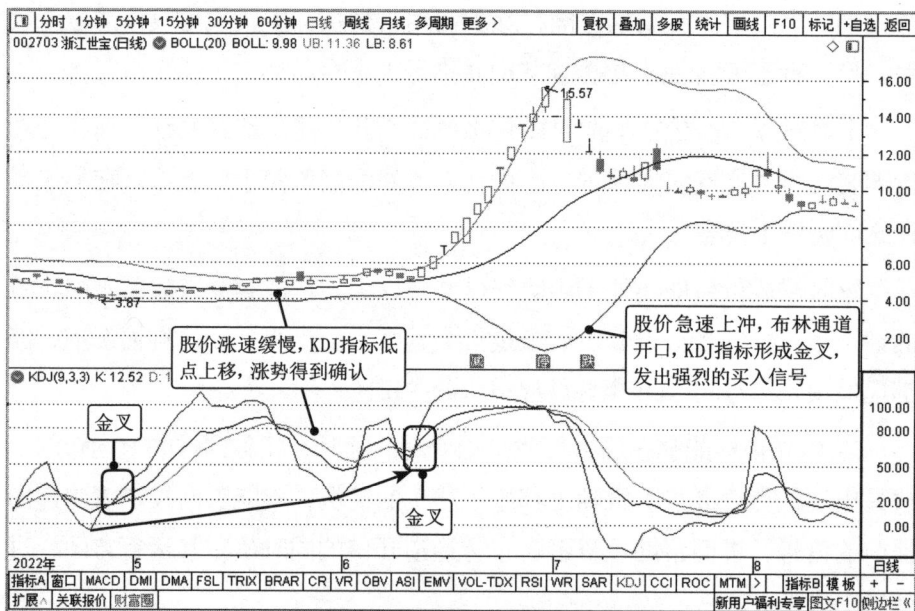

图 6-9　浙江世宝 2022 年 4 月到 8 月的 K 线图

继续来看后面的走势。5 月中旬，股价突破中轨线来到了其上方，但后续依旧与中轨线保持着紧贴，被限制在中轨线与上轨线之间，并且由于波动幅度的缩小，布林通道更加紧凑了。

与此同时，KDJ 指标也长时间运行在 50 线到 80 线的区间内，呈现不稳定的震荡状态。但观察其低点可以发现，J 线形成的每一个波谷都在向上移动，这说明股价的涨势虽慢，但比较肯定。

这样的走势一直持续到 6 月中旬，股价从某个交易日开始突然大幅收阳上涨，向上快速远离中轨线，并在数日后就突破到了上轨线以上，呈现出积极的上涨状态。

同时，布林通道快速向两边扩张，呈现出了开口的状态，KDJ 指标也在形成了一个金叉后积极上扬。将股价当前的表现与 KDJ 指标前期低点上移的状态结合，投资者就可以快速确认当前行情的运行方向，尽快选择合适的位置建仓入场。

6.3.4　布林通道收口之前 KDJ 指标转向

布林通道的收口在前面的内容中已经解释过了，即股价从大幅变动转为平缓，带动布林指标上下轨线收拢的过程。一般来说，股价转为平缓后形成一段时间的横盘或是小幅回调（反弹）时，布林通道收口的现象是比较明显的。

与布林通道的开口一样，在股价从上涨或下跌转为走平或小幅波动时，KDJ 指标也有可能提前于股价形成转向。

比如股价在经历一段上涨后转而回调，KDJ 指标可能在之前就形成了高点下移的顶背离，传递出预警信号。此时，投资者就可以提前得知股价可能的变动方向，当布林通道收口时，就可以实现快速兑现出局。

下面来看一个具体的案例。

实例分析

新宝股份（002705）布林通道收口之前 KDJ 指标转向

图 6-10 为新宝股份 2019 年 9 月到 2020 年 1 月的 K 线图。

从图 6-10 中可以看到，新宝股份正处于上涨行情之中。2019 年 9 月到 10 月初，股价还在缓慢向上攀升，KDJ 指标长时间在 50 线到 80 线的区间不规律运行。

股价在运行到 10 月后，波动幅度有所减小，导致布林通道相应紧缩，但相较于前期来说并不是特别明显，操作价值较小。

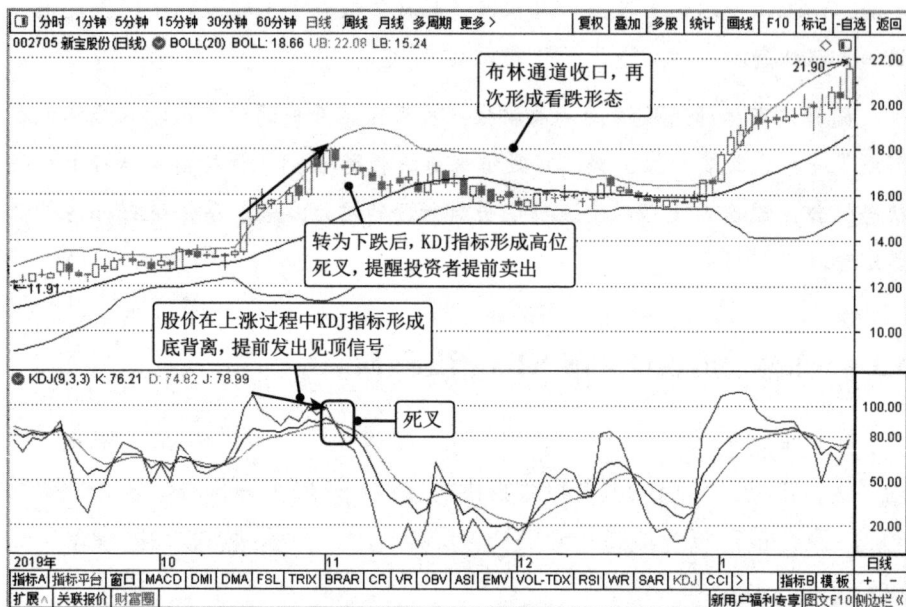

图 6-10　新宝股份 2019 年 9 月到 2020 年 1 月的 K 线图

继续来看后面的走势。10 月中旬，股价突然连续收阳上涨，快速远离中轨线并突破到了上轨线以上。KDJ 指标在形成一个金叉后跟随上扬，迅速靠近并进入了超买区以内，布林通道也形成了开口。

但很快，上轨线的压制力发挥作用，股价涨势减缓，又回到了布林通道以内。在股价减缓涨势的同时，KDJ 指标中的 J 线在冲过了 100 线后形成一个波峰，随后的高点便出现了下移的走势。

在股价后续的上涨过程中，高点在不断向上移动，甚至多次来到了上轨线以外，呈现出明显且确定的上涨走势。但 KDJ 指标在同一时期内，后续形成的高点都未能越过 10 月中旬形成的波峰，整体与股价形成了顶背离，发出了即将见顶的信号。

因此，投资者在接收到这样的信号后要保持高度警惕，如果不想提前出局错过上涨，那么就要耐心且谨慎地等待转折的到来。

11 月初，股价上涨到 18.00 元价位线附近时受到阻碍滞涨，数日后向下滑落，逐步靠近了中轨线。与此同时，KDJ 指标迅速向下形成了一个高位死叉，随后持续下行，发出了明显的卖出信号。

尽管此时布林通道还未呈现出明显的收口迹象，但股价的下跌迹象很确定，投资者最好还是直接出局，保住收益。

从后续的走势也可以看到，股价在跌至 16.00 元价位线附近后，下跌速度得到了缓解，波动幅度大大缩减。正是从这时开始，布林通道开始了缩减，并且整体运行方向是斜向下方的，说明股价短时间内还会进行回调，此时还在观望的投资者也要离场了。

6.4　KDJ 指标与 RSI 指标的结合

RSI 指标全称为相对强弱指标，它是根据一定时期内上涨点数和下跌点数之和的比率，绘制出的一种技术曲线，能够反映出市场在一定时期内的景气程度。

与 KDJ 指标有些类似，RSI 指标也有观察市场超买超卖情况的作用，其关键就在摆动区域的划分。

RSI 指标的摆动区域为 0～100，其中，30～70 是指标最常运行的区域，30 线以下为超卖区域，80 线以上为超买区域。不过，RSI 指标的三条指标线都不能超过 0～100，这一点与 KDJ 指标不同。

由于计算方式和指标性质的类似，KDJ 指标与 RSI 指标在很多时候会形成同步的波动。但不管它们如何相似，终究是两个不同的指标，在某些位置还是会形成不同甚至迥异的表现。在这些时刻利用两项指标的特性，投资者就有机会抓住恰当的买卖时机。

6.4.1 RSI 指标跌破前期低点+KDJ 指标死叉

RSI 指标跌破前期低点指的是股价在运行过程中出现了震荡或是缓慢上下移动的走势，导致 RSI 指标线不断下探，但低点始终维持在一条几乎水平的支撑线上或附近的位置。某一时刻股价加速下跌，就会带动 RSI 指标跟随下行，进而跌破前期低点连线，是一种后市看跌的形态。

若 KDJ 指标在 RSI 指标跌破前期低点的同时，或是提前形成一个死亡交叉，那么两项指标的卖出信号就能互相得到印证，股价的下跌走势也能得到确认，投资者再卖出，就能在一定程度上避免踏空。

下面来看一个具体的案例。

实例分析

华控赛格（000068）RSI 指标跌破前期低点+KDJ 指标死叉

图 6-11 为华控赛格 2021 年 10 月到 2022 年 4 月的 K 线图。

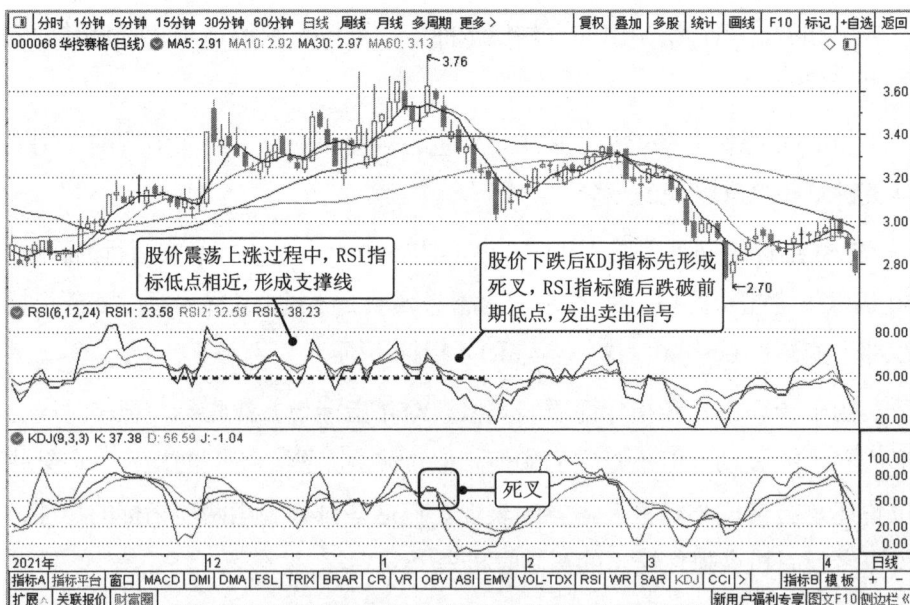

图 6-11　华控赛格 2021 年 10 月到 2022 年 4 月的 K 线图

从图 6-11 中可以看到，华控赛格正处于上涨走势向下转向的过程中。在 2021 年 11 月期间，股价还在震荡上涨，RSI 指标与 KDJ 指标都在其带动下积极上扬。

在 11 月中下旬时，股价形成了一次比较明显的回调，RSI 指标与 KDJ 指标都形成了向下的转折，不过 RSI 指标在 50 线附近得到了支撑，止住了下跌趋势。而 KDJ 指标的变动幅度就要激烈多了，J 线直接下滑到了超卖区以内。

股价回调完成之后，回到了上涨轨道，尽管后续形成了多次震荡，但整体上扬走势还是能够确定的。在股价震荡上涨的过程中，RSI 指标反复在 50 线到 80 线的区间内震荡，低点几乎都位于 50 线附近。KDJ 指标则围绕 50 线形成了钝化，波动相对混乱。

2022 年 1 月初，股价涨速越发减缓，在创出 3.76 元的新高后冲高回落，形成了快速的下跌。

与此同时，RSI 指标和 KDJ 指标都拐头向下，在 KDJ 指标形成死叉的数个交易日后，RSI 指标向下彻底跌破了前期低点连线，与 KDJ 指标的死叉互相印证，发出了明确的卖出信号。

因此，在发现 RSI 指标前期低点被跌破，KDJ 指标也脱离钝化进入下跌后，投资者就要尽快卖出持股。

从后续的走势也可以看到，股价在第一波下跌中来到了 3.00 元价位线附近，再次止跌后形成了一波反弹，但反弹的高点相较于前期来说明显降低。不久之后股价就再次进入了下跌，RSI 指标与 KDJ 指标的接连下滑都在进一步确定股价的跌势，此时还未离场的投资者将遭受重大损失。

6.4.2 RSI 指标突破前期高点+KDJ 指标金叉

RSI 指标突破前期高点指的是股价在运行过程中出现了震荡或是缓慢上下移动的走势，导致 RSI 指标线不断上冲，但高点始终维持在一条几乎水平的压制线上或附近的位置。

某一时刻股价加速上涨，就会带动 RSI 指标跟随上行，进而突破前期高点连线，是一种后市看涨的形态。

若 KDJ 指标在 RSI 指标突破前期高点连线的同时或是之前，形成一个黄金交叉，那么股价的上涨就比较确定了。

下面来看一个具体的案例。

实例分析

联发股份（002394）RSI 指标突破前期高点+KDJ 指标金叉

图 6-12 为联发股份 2020 年 3 月到 8 月的 K 线图。

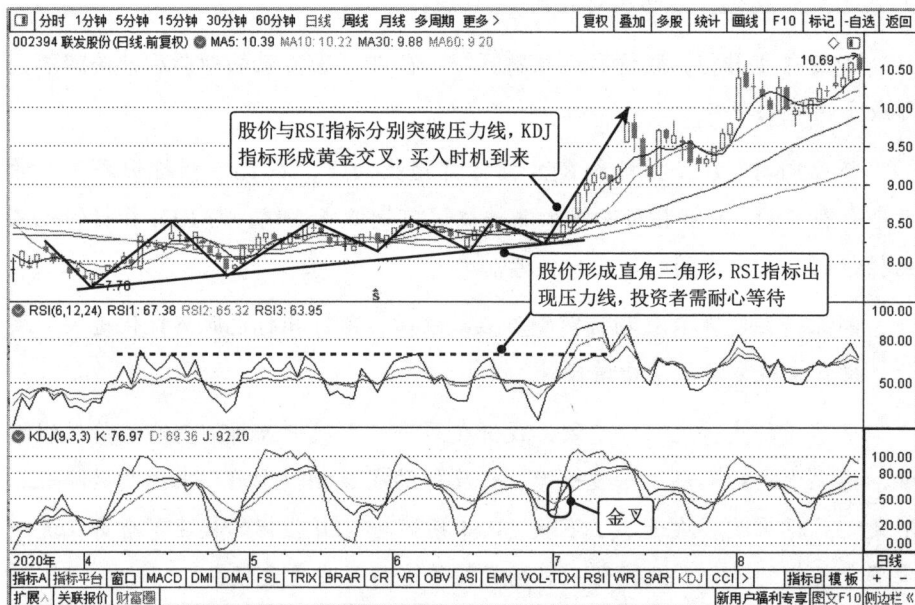

图 6-12　联发股份 2020 年 3 月到 8 月的 K 线图

从图 6-12 中可以看到，联发股份正处于上涨行情之中。在 3 月期间，股价还在 8.00 元价位线附近震荡，直到进入 4 月初后创出 7.70 元的阶段新低后才开始上涨。KDJ 指标和 RSI 指标都跟随股价开始向高位移动。

不久之后，股价在 8.50 元价位线处受到阻碍止涨，转头进入了回调之中，两项指标也向下转折，分别形成了波峰。

在后续 3 个月左右的时间内，股价反复在 8.50 元价位线下方震荡，高点始终被限制在该价位线以下，但低点却在不断上移，形成了一个近似直角三角形的整理形态。

同一时期，KDJ 指标反复在摆动区域内上下震荡，RSI 指标也在 50 线附近形成了稳定的波动。与股价类似，RSI 指标上冲形成的高点也基本处于相近的位置，将其相连就形成了一条水平压力线。

将指标的表现与处于整理状态的股价结合，投资者基本可以判断出，当股价向上突破压力线时，也是 RSI 指标向上突破前期连线时。若 KDJ 指标能同时形成一个黄金交叉，那么投资者就更能确信下一波上涨的到来。

当漫长的整理形态运行到末期时，时间已经来到了 7 月。7 月初，股价的一次下跌得到支撑后，开始了再次的上涨。但这次的上涨与之前不同，股价在数日内就成功突破了 8.50 元的压力线，并有继续上涨的趋势。

与此同时，RSI 指标和 KDJ 指标积极上扬，KDJ 指标形成了黄金交叉，RSI 指标紧接着也突破了前期高点连线。连续出现的 3 个形态，已经向投资者传递了高度看涨的信号，投资者可在此位置建仓。

从后续的走势也可以看到，股价在脱离整理区域开始上涨后，第一波拉升就达到了 10.00 元价位线附近，相较于 8.50 元的位置，短时间内涨幅约有 18%。在经历了反复的回调与上涨后，截至 8 月底，股价最高达到了 10.69 元，又拔高了不少。在前期买点及时买进的投资者，无论在何时抛出都能获得不错的收益。

6.4.3　RSI 指标与 KDJ 指标的顶背离共振

与 KDJ 指标一样，RSI 指标与股价之间也存在顶背离和底背离。其中，顶背离指的是股价在一段时间的运行后来到了阶段高位或是行情高位，在上涨过程中高点不断上扬，但 RSI 指标则在同一时期形成了高点下移的现象，与 KDJ 指标的顶背离基本一致。

尽管两项指标的相似度较高，但通过前面的案例，相信投资者也能明显感觉到它们在稳定性和短时间内震荡范围上的区别。

比如当股价形成整理形态时，KDJ 指标会在整个摆动区域内大幅波动，既不稳定也没有太大的参考价值；而 RSI 指标则能够在一个相对固定的区域内摆动，还能在后期为投资者提供突破方向的参考。

因此，若两项指标能在同一时期与股价分别形成顶背离，卖出信号得到共振加强，那么投资者再进行操作的成功率无疑会大大提高。

下面来看一个具体的案例。

实例分析

新华医疗（600587）RSI 指标与 KDJ 指标的顶背离共振

图 6-13 为新华医疗 2021 年 5 月到 8 月的 K 线图。

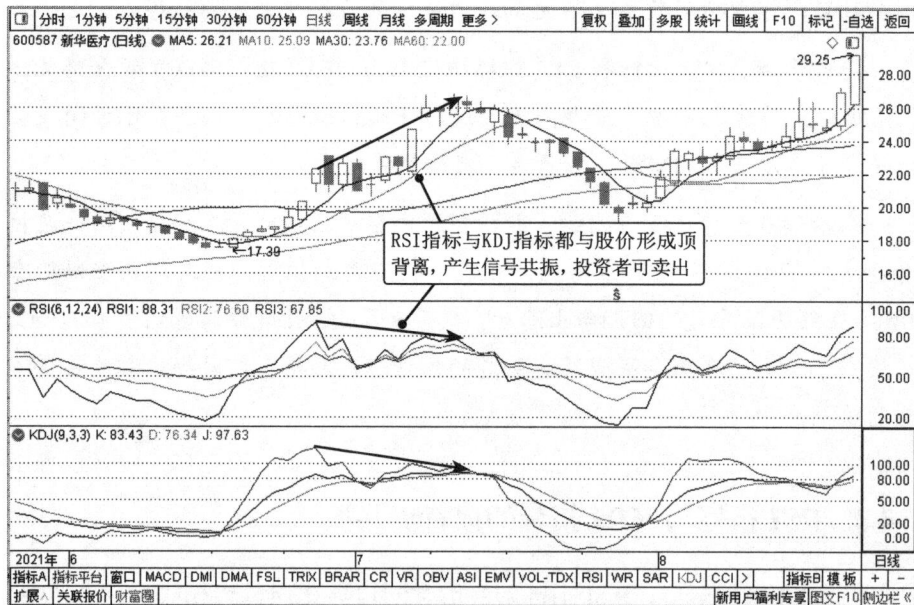

图 6-13　新华医疗 2021 年 5 月到 8 月的 K 线图

从图 6-13 中可以看到，新华医疗正处于上涨行情之中。5 月底到 6 月中旬，股价还在进行着回调，连贯的下跌带动 RSI 指标和 KDJ 指标纷纷向下运行，来到了各自的超卖区内。

6 月中旬，股价在创出 17.39 元的阶段新低后止跌回升，开始了新一轮的上涨。第一波上涨在到达 22.00 元价位线附近后受到压制经历了一波短暂的横盘，RSI 指标和 KDJ 指标在上行到一定位置后，伴随着股价的横盘而出现了下滑，形成了对应的波峰。

7 月初，股价整理完毕开始上涨，数日后就来到了 26.00 元价位线以上，再次受到阻碍滞涨。与此同时，RSI 指标和 KDJ 指标也跟随上扬了，但两个指标上扬的高度都不高，相较于前一个波峰来说，顶部的位置矮了不少。

从当前的情况来看，两项指标都与股价形成了顶背离，并且在背离形成后不久，股价就进入了下跌之中。中短线投资者在发现后就要及时卖出，保住已有收益。

图 6-14 为新华医疗 2021 年 7 月到 11 月的 K 线图。

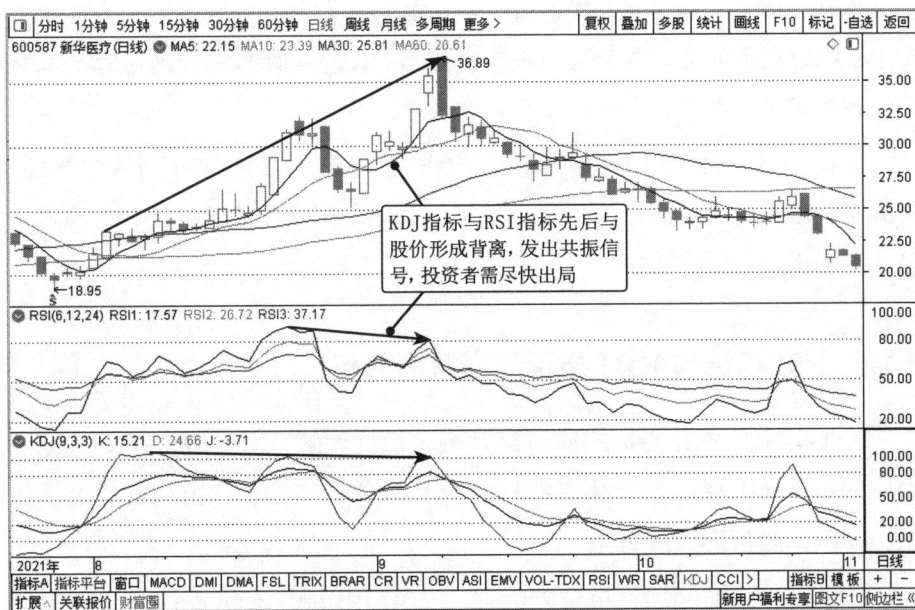

图 6-14　新华医疗 2021 年 7 月到 11 月的 K 线图

继续来看后面的走势。股价回调至最低的 18.95 元后，就在该位置得到支撑迅速回升，形成了又一波的上涨。这说明前期指标顶背离共振的位置是阶段顶部，避开这段下跌的投资者，此时又可以进行新一轮的操作了。

在 8 月期间，股价大部分时间都在收阳上涨，涨速越来越快，于 8 月中下旬收出了几根大阳线，短时间内就上冲到了接近 32.50 元的位置，随后受到压制，形成了一波回调。

与此同时，RSI 指标也在不断上扬，高点与股价呈现同步的配合。反观 KDJ 指标可以发现，在股价刚开始形成上涨，并且涨速减缓时，J 线就形成了一个波峰。待到后续股价继续上扬，KDJ 指标线却没有形成相应的上升。8 月下旬股价形成波峰时，KDJ 指标也形成了波峰，但高点低于前期，与股价形成了顶背离。

在 KDJ 指标形成底背离而 RSI 指标正常运行的情况下，共振还未形成，投资者可继续耐心观察。

8 月底，股价继续上涨，于 9 月初形成了 36.89 元的新高，但在当日就冲高回落，随后开始下跌。RSI 指标和 KDJ 指标都相应形成了波峰，其中，RSI 指标的波峰下滑，与股价形成了顶背离；KDJ 指标的波峰则与上一次持平，但依旧比前期低，整体还处于顶背离中。

至此，RSI 指标与 KDJ 指标的顶背离都已形成，股价也再次进入了下跌，并且有一路跌穿均线组合的迹象。因此，投资者此时就可以抓紧时间卖出，将收益兑现。

6.4.4　RSI 指标与 KDJ 指标的底背离共振

RSI 指标与 KDJ 指标的底背离共振也很好理解，即当股价在下跌过程中，低点不断下移，但 RSI 指标和 KDJ 指标的低点却呈现出相反的上移状态，分别与股价形成底背离。

通过上面一节的内容也可以看到，当 RSI 指标与 KDJ 指标同步与股价形成背离时，其信号强度是比较高的，可靠度也有所加强。

　　激进的投资者完全可以在底背离形成后入场，谨慎的投资者则可以继续观察一段时间，待到股价确定涨势后再买进。

　　下面来看一个具体的案例。

实例分析

江苏雷利（300660）RSI 指标与 KDJ 指标的底背离共振

　　图 6-15 为江苏雷利 2022 年 2 月到 7 月的 K 线图。

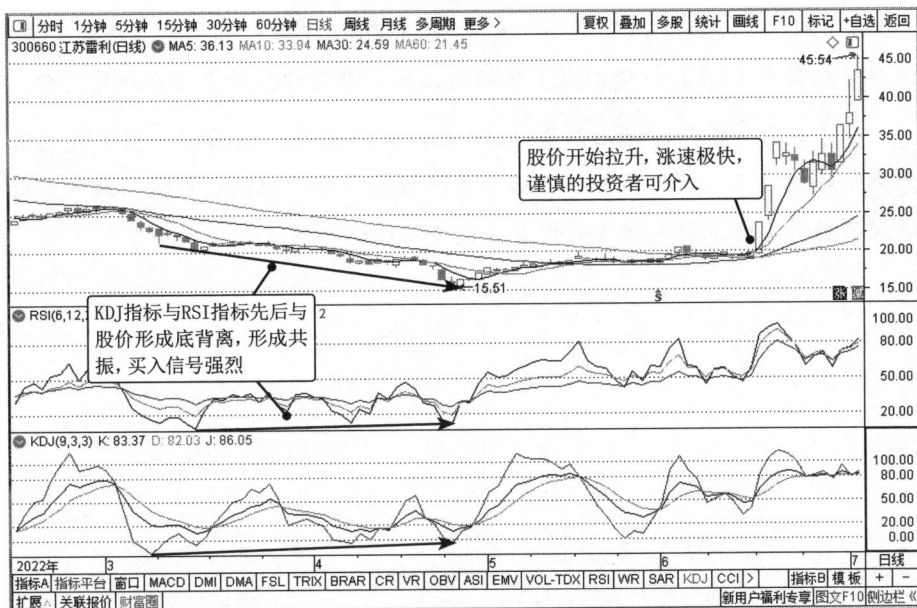

图 6-15　江苏雷利 2022 年 2 月到 7 月的 K 线图

　　从图 6-15 中可以看到，江苏雷利正处于下跌趋势向上转势的过程中。从均线组合的转头可以发现，在较长一段时间内，股价都是处于下跌状态的，因此，2 月期间股价的小幅上涨仅仅是一段反弹而已。

　　3 月初，股价反弹至 30 日均线上受到压制，进入了下跌之中，RSI 指标和 KDJ 指标纷纷下滑。3 月中旬，股价在 20.00 元价位线附近得到支撑横盘，两项指标又分别小幅回升，形成了波谷，位置都比较低。

在后续的走势中，股价重复下跌、横盘、再震荡、再横盘的过程，导致 KDJ 指标和 RSI 指标不断震荡，形成了数个波峰和波谷。

将时间拉长来观察整体可以发现，就在股价低点不断下移的过程中，RSI 指标和 KDJ 指标的低点都出现了整体上移的现象，两项指标都与股价形成了底背离，发出了共振的买入信号。

尽管此时股价还没有明显的上涨迹象，均线组合也长时间覆盖在股价上方起压制作用，但共振的信号强度还是比较高的，投资者可以对其保持密切关注，随时准备建仓。

4 月底，股价创出 15.51 元的新低后开始回升，刚开始的回升速度并不快，但 RSI 指标和 KDJ 指标都形成了积极的上扬，激进的投资者可在此处建仓。

6 月中旬，股价缓慢上涨至 20.00 元价位线附近，随后以一根突兀的涨停大阳线突破了该价位线，并在后续接连收阳，涨速极快。这说明股价已经进入了拉升阶段，此时谨慎的投资者也可以追涨入场了。